八鹿高校事件の全体像に迫る

大森　実 著

◆部落問題研究所◆

はじめに

八鹿高校事件は、高度経済成長をへた日本の政治・社会、また教育のあり方が鋭く問われた、歴史上の重大事件である。しかし実際に書かれた「歴史」をみると、事件を単に「部落史」の枠組み、あるいは解放運動をめぐる路線対立・党派対立の図式のなかでしか語っていないものが目立つ。事件を取り巻いていた政治・社会の状況を含め、「事件の全体像」を考えるような「歴史」はまだ書かれていない、と筆者は考えている。「部落史」や自治体史の実例については、本論でみていただきたいが、こうした視角からは「事件の全体像」は到底見えてこないのである。

「事件の全体像」について考える手始めに、同時期に起こった、他の暴力事件に対する行政・警察・マスメディアの対応と、八鹿高校事件に対するそれとをくらべてみよう。

連合赤軍メンバーによる人質立てこもり発砲事件である「あさま山荘事件」（長野県軽井沢、一九七二年二月）は、一〇〇〇名を超す警官隊の包囲と突入、一〇時間余におよぶテレビの生中継（最高視聴率八九％）、その後のリンチ殺人の捜査報道などで国民に広く長く認知され、少なくとも犯人たちの「暴力行為」は社会的な非難と批判を浴びた。その二年九カ月後、やはり山間地の兵庫県但馬で起きた、「八鹿高校差別教育糾弾闘争共闘会議」による教師集団への一三時間におよぶリンチ（逮捕・監禁・傷害罪）＝「暴力行為」は、一〇〇名～数百名規模の警官隊が現場近くに控えたまま介入せず、結局完遂されたのである。共闘会議側が現場を撮った八ミリ・フィルム映像（警察の押収物）は九年後の公判で検証に用いられたに過ぎず（兵庫県人権共闘一九九六）、テレビは中継どころか事後の検証報道すら行わず、一般紙は「部落解放のための糾弾を普通の暴力事件のように報じ」ることに

「ためらい」があったとして、事件後も意図して「事件を広く知らせようとしなかった」と一方的に説明するのみである（臼井敏男二〇二二）(1)。

「暴力行為」に対する行政・警察・マスメディアの対応という面で両ケースを比べると、理不尽なまでの非対称性がそこにみられるが、この違いはどう考えればよいのか。両者の違いは、「部落問題」とか「解同問題」という観点だけで基本的に合理的な説明ができるのだろうか。

事件研究のスタート地点での疑問はまずはこのあたりにある。このことを述べたうえで、最初に本書を構成する論文の成り立ちと本書刊行の経緯について説明しておく。

第一部は、部落問題研究所編・発行『部落問題解決過程の研究①歴史篇』（二〇一〇年）所収の拙稿「八鹿高校事件研究への課題」を、第二部は、部落問題研究所の紀要『部落問題研究』二四八輯（二〇二四年二月）所載の、本書と同名の論文をもとにしており、それぞれもとの論文に少し加筆したものが本書に収められている。

もとの論文は事件五〇周年を目当てにまとめ、かつ「完成」したというものではない。実際、事件に関する筆者の歴史研究は、まだ「序章」の域を超えていないと思っている。ただ、当時の警察や行政関係者が意図してつくり上げてきた、矮小化された「事件像」が、自治体史編纂者や「部落史」研究者にも長く共有されてきたという現実が、明確にある。その一方で、当時の被害関係者がだんだんと鬼籍に入られ、「事件の風化」すら憂慮される状況が生まれてきているとすれば、五〇周年にあわせて出版することには意味があると考えたのである。

次に述べておきたいのは、歴史家・鈴木良の研究と本書との関係である。部落問題研究所は、二〇〇六年から「部落問題解決過程の研究」に取り組んでいたが、この研究会をリードしたのが鈴木良や佐々木隆爾・広川禎秀の研究であり、そのなかで筆者は「八鹿高校事件を検討する」課題を与えてもらうというかたちで、本書のテーマと巡りあった。

一九七四年の事件当時、筆者は一九歳の大学生で事件に無関心ではなかった。しかし、支援のため但馬に駆けつけるほどの強いつながりはもっていなかった。またその後の研究生活において、筆者は社会運動史に取り組んではきたが、部落問題に直接関わるような実績を残してはいなかった。そういう筆者が「部落問題解決過程の研究」に参加させてもらえたのは、鈴木らの研究姿勢と大いに関わっているように思う。鈴木自身、「部落史」的な狭い視野から問題をとらえるのではなく、問題を全体の矛盾においてとらえ、常々その全的な構造を解明しようという構えをもった歴史家だったからである。鈴木の方法的視点について考えるとき、筆者が特に共感できるのは、この研究上の構えであり、基本姿勢である。それは、日常の生活や生産の「現場」である「地域」で多くの人たちが感じ、あるいは認識する具体的な問題（社会問題）の次元から、その構造を明らかにし、そこからさらに国家権力の問題に及んでいくという、「現場」感覚のある、きわめて「実践的」な方法である。決してその逆はやらない。本書の問題のたて方も、これから多く学んでいるつもりである。

ちなみに、八鹿高校事件当時、同校三年三ホーム＝職業科の担任であった平松美也子（頭部外傷・各所打撲傷等で事件後一五日間入院）が卒業生に贈った「はなむけ」の言葉が筆者をとらえたのは、それが鈴木のこの構えと重なってみえるからである。平松はこう言っている。「あなた方は高校三年間、とりわけ三年生になって貴重な経験をした。私たちの生活をおびやかしている真の敵は何か、私たちと手をつないでいかなければならない仲間は誰なのか、よく見きわめてほしい」（『八鹿高校新聞』一九七五年三月一三日）と。彼女は、単に、高校生たちの目の前で直接暴力を振るった者たちのことを述べているのではない。「貴重な経験」における真の問題を見きわめよ、問題を全体の矛盾においてとらえよと、教育者として語っているように思えるのである。

話を戻すと、やはり実践家であった鈴木は、こうした方法的視点をもって、「なぜ近代に部落差別が残ったか」という問いの「答え」として、「地域支配構造」という複雑な「社会レベル」の諸関係を、広い視野をもって理論的実証的に析出する作業を積み上げてきた。そして、この構造論を深め精緻化する途上で亡くなった。旧慣・部落差別を温存する実体的な諸社会関係を論じた「地域支配構造」論の特徴や可能性について、筆者は別の論文（大森実二〇二二）で詳しく論じたが、以下は、この「地域支配構造」の成立から崩壊にいたる過程を、筆者なりにまとめたものである。

明治政府は「富国強兵」策を強行するにあたり、農村の古い社会関係を温存した。そのため、明治二〇年代、明治憲法体制と町村制（明治の大合併）の開始とともに、大地主の支配を合法化しかつ江戸時代の身分遺制を含む「旧村（大字《おおあざ》）の慣行」を温存したままの「地域支配構造」が成立した。すなわち、大合併で生まれた明治の行政村では、上層に大地主・ブルジョアが村長や村落支配層として君臨し、彼らが経済的社会的なヘゲモニーも握っていた。その下で、村の旧慣維持と小農の地縁的結合の中心を担う中小地主・小営業主が、大字＝区レベルのヘゲモニー層を形成し、さらにその下に、自作下層・小作層、職人・労働者層や雑業層が「民衆世界」をつくっていて、この「三極構造」が村秩序の内実、大字の相互関係を規定し、天皇制秩序の基盤となった。行政村に組み入れられた未解放部落（内部に、小地主・小ブルジョアと小作貧農・前期的プロレタリアという「二極構造」をもつ）は他の大字から一定の社会関係において疎外されながら、行政村の底部を構成していた。

第一次大戦後の一九二〇～三〇年代に、この「地域支配構造」は揺らぎはじめた。一般地域でも未解放部落内でも、また大字の相互関係においても、下層ないし小作層の経済的社会的な自律と彼らのヘゲモニー強化につながる動きが顕在化してきたからである。またこの時期、都市部（特に臨海部）

での工業地帯形成と人口増にともない、都市部の未解放部落では「混住」が進展する。このトレンドは戦後に本格化し、新憲法・地方自治法のもと、そして高度経済成長期（つまりは同和対策事業の展開期）の社会変動のなかで、旧慣や部落差別を温存し人々を束縛してきた伝統社会（＝地域支配構造）は崩壊期を迎える。そして今、さまざまな市民の自主的で民主的な結合が社会的諸課題を解決する時代が到来している。

鈴木自身による精緻な歴史分析は、戦後の「地域支配構造」崩壊過程には及んでいない。特に高度成長期の社会変動の内実や構造変化については整理されておらず、都市部の「過密」地域と農村部の「過疎」地域それぞれにおける「地域支配構造」の崩壊過程とそれらの相互関係、またそれらと社会運動との関係等については、私たち自身が、これからじっくり研究していく必要がある。八鹿高校事件の舞台は、但馬という山間部、農村部であり、典型的な「過疎」地域である。但馬について実証的に「地域支配構造」の変遷を明らかにすることは、その点では重要な意味をもつはずである。

そのことを念頭に置きながら、本書では、高度成長期の但馬地域における「過疎」の進展状況（特に青年層の都市部への流出）のみならず、但馬住民の就業構造（つまりは産業構造）の激変、農業を含む自営業者の減少と被傭者の増大、高校・大学進学率の上昇と学校間格差の拡大などについて言及し、「地域社会の構造的な変化」について検討することになる。むろん、本書の検討内容が、鈴木の仮説をあらまし検証できるほどの、歴史的で構造的な分析に、まだ到底及んでいないことははっきりしている。したがって、但馬の「地域支配構造」の解明については、もう少し時間をかけてすすめていきたい。そして、事件の全的な構造、全体像を追究する作業の一環として、「地域支配構造」変容のもっている意味を考えていきたい。

とはいえ、県立八鹿高校の教師集団と生徒集団が、但馬の地域社会のなかで相互に鍛え上げてきた民主的で市民的な自治能力は、伝統社会（＝地域支配構造）が揺らぐなかで、その揺らぎを促すような、「地域民主主義」の底流をかたちづくってきた具体的な力であることは、本書第二部で相当程度明らかにすることができたと思う。これは本書のメリットである。

こうした教師集団（本書では教師集団と生徒集団）の地域社会における位置づけについては、鈴木とともに「部落問題解決過程の研究」に携わってきた佐々木隆爾による「民主主義的地域力」論がたいへん参考になった。佐々木によれば、全国各地で地域の教育を担っている「学校」という装置は、戦後、特に勤務評定反対闘争以後の地域社会において民主的な社会運動・市民運動の重要な核となり、また古い偏見を乗り越えて自治的な新しい共同をつくっていく舞台にもなりえてきた（佐々木隆爾二〇〇九）。これは、本書で試みた、但馬地域の具体的な事例に照らしても、説得的な議論として首肯できる。

八鹿高校事件の、あくまで「全体像」を追究する歴史研究は、多くの課題、多くの論点を内に抱えて、まだ一歩を踏み出したばかりである。その意味で本書の分析はまだ粗く、いわば「序章」に過ぎないが、提示した論点はできるだけ多くの人に吟味していただきたいと思う。

目次

第一部　歴史研究のテーマとしての八鹿高校事件

一　歴史研究・歴史叙述の現状

一九七四年一一月の八鹿高校事件から五〇年が経つ。事件は十分歴史研究の対象と呼べる「過去」になりつつある。

同校教職員団がまとめた、一九七五年四月四日付「教員の見解（案）」の表現を借りれば、それは「我が国教育史上未曽有の凄惨な集団暴行」事件である。事件発生直後から、また刑事（一九九〇年、最高裁で部落解放同盟側被告全員の有罪確定）・民事（一九九六年、最高裁で部落解放同盟側の敗訴確定）などの諸裁判がすすむ過程で、運動関係者や各種調査団などによる報告類がいくつも公にされてきたこと自体、その重大性をよく表している。

しかし、それにもかかわらず、事件は歴史研究者（なかんずく「部落史」研究者）の実証的な研究対象にはほとんどなっていない(2)。近年、「政治状況や部落解放運動の動向に翻弄され」がちであった従来の「部落史」や、在野的な学問の系統を引き、いわば「ゲットー」から抜け出せないでいる古い「部落史」を批判しながら、新しい「部落史」を提唱している研究者たちの目にも、事件は研究対象として映っていないようである。新しい「部落史」は日本近現代史全体を揺さぶり「新しい歴史像」をめざすというのだが、その議論のなかで、八鹿高校事件はただ「日本共産党支持派と部落解放同盟（以下、解同）内の非共産党グループの対立」激化事案として片づけられてきた（黒川みどり・藤野豊二〇〇九、黒川みどり二〇二三）。

地方史ないし自治体史ではどうか。神戸新聞記者として一九六四年から同社但馬総局八鹿支局に勤務し、事件当時もその職にあった坂田治郎の著書は、端的にこう述べている。「但馬の戦後五〇年を語る時に『八鹿高校事件』は避けて通れない問題であり、課題でもあります。戦後の民主主義の柱になる人権問題と同和教育のありかたを住民や教育に問う、切実な問題を抱えており、これが事件から二〇年以上たった今でも多くの人たちに忘れられない問題を突き付けています」（坂田治郎一九九六）、と。しかし、これ自体歴史的分析に主眼を置いた書ではなく、『八鹿町史』下巻（八鹿町一九七七）の一節を引用しただけで独自取材に基づく記述も含まない。この間、事件の舞台となった南但各町(3)や北但各町では町史編纂がすすめられ、その成果も公刊されてきたが、事件を正面からとり上げて分析したものは皆無である。それらにおける事件の扱いは以下のとおりである。

まず『八鹿町史』下巻は、事件から三年後の刊行だけに、項を立てて事件の概要を述べている（［　］は大森による補記、以下同様）。

> 同和対策特別措置法が公布されるや、八鹿町においては担当の係（同和対策室となる）を設け、対策事業の推進にとりくんだ。それとともに、町職員・社会教育関係者・小中学校教職員・地区役員などで編成した推進班が、町内各部落（区）を巡回し、法の解説、趣旨の普及徹底をはかり、［中略］学習をつづけた。この間に部落解放同盟の運動の組織化が進んで、昭和四十八年（一九七三）の五月には部落解放同盟兵庫県連合会が、七月には南但支部連絡協議会が結成された。［中略］地区には支部がおかれて、町の行政・教育機関などに対して窓口一本化を要求し、差別に対する確認・糾弾の方式をもって、部落差別解消の運動を強力に展開していった。中学校・高等学校に対しては、［中略］生徒が真に解放意欲に燃えて実践力を身につける教育が行われるよう、解放《マ》教育《マ》研究会（解放研）の設置を要求した。県立八鹿高等学校においても、昭和四十九年の五月のはじめごろ、他校と同様に解放研設置を要求する生徒が校長に申し出ていた。校長はこ

れをうけとめて職員会議にはかったところ、会議の結果は「本校にはすでに部落問題研究会（部落研）が設置されている」という理由で、解放研を設置することに難色を示した。そもそもこれがきっかけとなって問題が紛糾し、十一月二十二日朝、解放同盟側と八鹿高校教職員と［の］間に抗争が生じ、混乱の末多数の負傷者を出すに至った。その結果、解放同盟ならびにその支援団体と、八鹿高校教職員を支援する全国各地からの集団とが、大挙して八鹿の町に押しよせ大集会を開くなど、町内は騒然として、二つの勢力の衝突の危険さえも生じ、多数の機動隊が派遣されてこれが警備にあたるという、八鹿町においてはまさに未曽有の事態を生んだのである。この情報は国会においてもとり上げられるに至り、八鹿高校の名は一時に全国に知れわたった。（『八鹿町史』下巻、五七三～五七五頁）

町史類では最もまとまった叙述だが、事件の本体を「二つの勢力の衝突」に起因する混乱とみ、行政や町民は単に事件に巻き込まれた客体ないし被害者として描いている。同様の視点に立つ『近代朝来町の歩み―朝来町史下巻―』（朝来町教育委員会一九八二）の記述は一層簡潔明瞭である。「朝来闘争、八鹿高校事件など、南但のみならず全国を震撼させた一連の但馬抗争があったが、その根底には、部落解放にたいする相対立する二つの主張と運動があった。八鹿高校事件もこの対立する二つの主張と運動とによる抗争であった」というのである。行政や住民は第三者的に描かれており、朝来での「抗争の激しさには、警察もどうしたのか介入せず、機動隊を遠巻きに配置するのみであった」とか、事件後に「県は『県政資料ナンバー（1）』を出して、『いわゆる糾弾のあり方に関しては、あくまで民主的ルールによって行わるべきもの［中略］という見解を示した」などという叙述に終始している（四七二～四七三頁）。

町の同和行政が解同支部との協議・協力ですすめられてきた事実のみに触れた『出石町史』第二巻（出石町史編集委員会一九九一）は論外だが、さらに新しい『山東町誌』下巻Ⅱ（山東町誌編集委員会一九九二）や『養父町史』第二巻（養父町史編集委員会一九九九）の場合は、事件の内容に触れず、事件が同和行政に見直しの機会を与えたことだけが示唆されている。『養父町史』第二巻の記述は、「路線上の対立から、［昭和］四十九年十一月二十二日、八鹿高校事件が起こった。その詳細については種々の刊行物で報告されているので参照されたい」（五六六頁）などと素っ気ない。

北但の『城崎町史』（城崎町史編纂委員会一九八八）には、「部落解放運動も四十九年に入ってさらに高まりをみせ、自治体も学校も運動に関わらざるを得ないような状態となってきた」なかで事件が発生、事件こそが「各方面に反省を促し」たと記され（九一二頁）、行政側の事件への関与を認めている点でより客観的とはいえるが、ここでも事件の経過自体は省略されている。また、八鹿町に北接する日高町（二〇〇五年、城崎町とともに豊岡市に合併）の『町同教二五年の歩み』（日高町人権教育研究協議会二〇〇〇）は、一般の自治体史とは異なって、さすがに行政と運動との関わりに立ち入り、但馬同和教育推進協議会（但同協、一九七〇年結成）の「積極的な働きかけにより、昭和四八～五〇年にかけ市町単位の同協は全て組織され」たこと、「但同協は、他の多数の団体とともに「八鹿高校差別教育糾弾闘争」共闘に参加したが、［日高］町同協は、参加に至らなかった」こと、「昭和五〇年一月二五日、解放同盟日高支部が中心となり、北但の解放同盟及び民主団体等により、日高町議会に対する抗議集会が開かれたが、町同協は［中略］抗議集会不参加を決定」したことなどが詳述されている（一七～二二頁）。しかし、同書も町同協の活動記録に主眼があり、事件そのものの経過には触れていない。

こうしてみると、町史類での事件の扱いは時間の経過とともに等閑《なおざり》になってきた感すらあり、客観性の面では南但のほうが北但よりむしろ見劣りする。「忘れられない」といわれる事件ながら、南但の町史類はむしろその重要な部分を忘れようとしているのではないかとすら思える。以下、その事の由来を考えながら、今後事件を歴史研究の対象としていくための課題を明確にしたい。

二　第三者機関の認定した事実関係

運動関係者が書いたものや事件関係者の証言類は多数刊行されているが、ここではそれらの比較検討は置く。議論の前提として、まず第三者機関が一定の独自調査に基づいて確認した事実関係・経過を踏まえたい。出発点は日本弁護士連合会『八鹿高校等事件調査報告書』（一九八三年一月）に置く。事件の性格を考えれば、日弁連のほうが警察・検察を含む公権力より第三者的といえるからである。

同報告書は、日弁連が兵庫高教組の要請、八鹿高校教職員らの申立を受け、日弁連人権擁護委員会での再三にわたる「白熱的議論」と調査開始決定をへて、一九七七年七月から五年余にわたる調査・討議をへてまとめたものである。八鹿高校事件での被申立人は、解同兵庫県連沢支部長丸尾良昭・同県連南但馬支部協議会会長山本佐造・同県連下網場支部長北村円治・同県連書記長山口富造・兵庫県教育長白井康夫・県教委但馬教育事務所所長上田平雄・県教委同和教育指導室参事畑中芳夫・県教委同和教育指導室主任社会教育主事前田昭一・八鹿高校校長珍坂邦巖《ちんざかくによし》・八鹿高校教頭小田垣鎮・兵庫県警本部長原仁・八鹿警察署長釜谷吉四郎の一二名で（同時に調査対象となった兵教組朝来支部長橋本哲朗宅包囲事件での被申立人は、これに和田山警察署長上田勝三・朝来町長藤次三平の二名が加わる）、行政関係者が多数を占めている。

日弁連事件委の調査方針は次のとおり。①「中立事件の中立趣旨に限定されず、中立事件を中心として同和問題一般についても研究する」、②「事実の調査は、現地調査、中立・被中立双方当事者よりの事情聴取など、できるだけ行う」、ただ、「細微にわたっての事実認定は困難と思われ、また、多くの裁判が係属中であって、事実の認定には限界が予想されるので、刊行書なども参照して、事件全体を人権問題としてみて、何らかの結論を出せる程度にとどめるもやむを得ない」、③「仮に暴力等に事実が認められても、それのみをもって必ずしも処理準則による［告発などの］定型的結論を出すことにこだわらない」、④「解放運動の思想・理論・政党的立場などにつき、その当否を調査判定するものではない」（七～八頁）。そして、八鹿・朝来・養父各町での現地調査は一九七八年六月に行われ、事情聴取は現地調査日およびそれに前後して中立人・被中立人の一部および参考人（事件当時と事件後に当選した新旧の八鹿・養父町長）らから行われた。事件委が事情聴取を申し入れた被中立人の内、これに応じなかったのは小田垣・珍坂・上田・畑中・釜谷ら行政関係者五名である。

以下は、日弁連報告書に基づく事実経過である。

1　事件の地域的背景

兵庫県では、昭和二〇［一九四五］年「解放委員会兵庫県連合会」が組織され、一たん分裂後、昭和三四年「部落解放兵庫県連合会」として統一され、同連合会は昭和四八年五月「部落解放同盟兵庫県連合会」となった。それまでどちらかといえば、組織力も弱く融和運動的であった運動が、以後組織作りが活発となり、闘か《ママ》う運動へ急速に進んだといわれる。［中略］

但馬地方は、北但、南但に分［か］れ、部落は多いが、南但では、ゆるやかな改良主義的な運動であったのが、昭和四八年七月「部落解放同盟南但馬地区連絡協議会」（会長山本佐造）が結成され、支部作りが活発となり、同年一〇月には青年部ができ、副部長に沢支部長の丸尾良昭がなり、同青年部はまず行政に対する点検、糾弾を始めた。（日弁連報告書、一六～一七頁）

一九七三年一一月～七四年一月、解同が学校や行政に対して行った確認・糾弾会は次のとおり。一一月六日の朝来中学校、一二月四日・八日・九日の和田山町、一二月一三日・一四日の山東町、一二月一九日の朝来町、一二月二五日・二六日の朝来町立中川小学校、一月一二日の朝来町立山口小学校、一月二三日の八鹿高校朝来分校、一月二七日の和田山商業高校。

昭和四九年一月山田久氏［公立豊岡病院組合勤務の県幹部職員］が子息（八鹿高校卒業生）に結婚差別にかかわる手紙を出し、子息がたとえ父親でも差別を許すことができないとしたことにより山田差別文書糾弾闘争本部が結成され、二月三日、山田久差別文書事件決起集会が開かれた。（同前、一八頁）

これ以後、解同による確認会・糾弾会は急激に増えていく。

二月から四月にかけて約一五回余り、五月から七月にかけて約一五回余り、八月から［中略］一一月にかけて約一五回余り中学、行政、町議会などに対して行われた。こうした解放同盟青年部の糾弾闘争のなかで、兵庫県教組朝来支部が企画した講演会の講師［北原泰作］と会場使用をめぐって対立したのがきっかけとなり、同年七月「部落解放運動の統一と刷新をはかる但馬有志連合」が結成され、解放同盟青年部の運動活動を暴力的であるとして批判するようになった。九月頃からは、刑事告訴事件ともなった暴力行為が問題となる事件［九月八日元津事件、一〇月二〇～二六日橋本哲朗宅包囲事件、一〇月二六日宣伝隊襲撃事件、一〇月二七日大藪公会堂事件、一一月二二日八鹿高校事件」も生じてくる。［中略］当時の確認会、糾弾会の実情については、前記の統一刷新但馬有志連がニュースとして配布した資料によれば［中略］まず、確認会への出席が強要され、教師［など対象者］に対し、一人づつ《ず》直立不動で立たせ、三～四名でとりかこみ、顔をくっつけるばかりにして大声でどなり、一時間以上も批判し、差別者であったと確認するまで続ける。［中略］行政当局に対する確認会では、窓口一本化、特定図書の公立図書館からのとり除きなどを約束している例がある。（同前、一八～一九頁）

2　橋本哲朗宅包囲事件（朝来事件）

糾弾は、一九七四年一〇月二〇日から七日間、兵庫県知事選挙（一〇月九日告示、一一月三日投票）の期間中に行われた。

一〇月二〇日、解放同盟沢支部・朝来町職員を中心に約五五〇名が参加。一〇月二一日、同じく約五〇〇名が参加。一〇月二二日、同じく約二〇〇〇名が参加。共闘団体も三〇団体となった。この日、日本共産党木下元二代議士を中心とする計七名が橋本宅に入っている。一〇月二三日、約六五〇〇名参加。一〇月二四日、約一二〇〇〇名参加。一〇月二五日、約一五〇〇〇名参加。兵教組朝来支部の内、いくつかの分会も参加している。一〇月二六日［土曜］、朝来町役場前で、一七〇団体三五〇〇〇名が参加して、総括大集会が開かれ、その後橋本宅へ全員でデモした。［中略］［この間］附近の由利若神社境内にテントが若干設けられた。五〇〇ワットの投光器（電燈）、拡声器が数個設置されて使用され、橋本宅前道路に一〇数本の荊冠旗が常時設置され

ていた。（同前、二二〜二三頁）

当時、橋本宅には、本人のほか、妻（三六歳）、長女（七歳）、長男（三歳）、次女（一歳）、妻の母（六一歳）、祖母（八九歳）が居住していた。（同前、二四頁）

橋本宅へは、子供が通学のため出入したが、同盟員による妨害はなかった。また郵便配達その他糧食搬入などにも妨害はなかった。木下代議士一行の退出については、一時妨害行為もあった。［中略］シュプレヒコールなどでは、橋本個人に対する罵言の外、家族に対するものもあった。［中略］事件の期間中、橋本支援の者たちとの間で数回の暴力的もみ合いが行われ、負傷者が相当数出ている。［中略］多数の中学生が学校教職員とともに参加している。［中略］警察は許可時間［午後七時〜八時］外のシュプレヒコール、デモ行進などについては、注意を与えているようであるが、とうてい厳正な態度をとったものとは認められない。［中略］町当局は、町職員が勤務時間内にデモ等に参加することを制止しないばかりか、これを支持したとみられる。以上の事実よりすれば、橋本が家を出なかったのは身の危険を感じたためであるというのは、首肯できるものがある。（同前、二六頁）

3　八鹿高校事件（一一月二二日まで）

八鹿高校は、兵庫県立普通科と職業科［農業科・畜産科・生活科］を併設し、生徒数約一三〇〇名、教職員約一〇〇名の学校である。同校では、昭和四〇年［本格的には昭和四五年］ごろから同和教育にとりくみ、校内に同和教育室がおかれ、生徒のクラブ活動として部落問題研究会が設けられ、他校に比べ早くから熱心な同和教育の実践が行われていた。南但馬でのほとんどの学校が、解放同盟の運動に応じていくなかで、八鹿高校教員は解放同盟の主張する「解放教育」に公然と反対していた。但馬地方では解放同盟支部が結成された昭和四八年半ばごろより、中学・高校に部落解放研究会（以下解放研という）が結成されるようになり、四九年には、かなりの学校につくられた。解放研は、解放同盟という学校外の団体の指導をうけ、その支部長を指導員として組織されている。［中略］解放研のある学校では、教師の差別性の追求《及》がなされるようになり、確認会が行われることが多かった。（同前、二七〜二八頁）

昭和四九年二月、同校卒業式で生徒から「解放研をつくれ」という訴えが行われた。五月には、生徒から解放研を設置し教員の顧問を置くことの申入れがなされ、職員会議がその態度決定をしないうちに、六月二二日に行われた「部落解放高校生一泊研修会」に参加した小田垣教頭は、解放研設置を約束し、六月三〇日には珍坂校長が、七月中に解放研を設置することを約束した。これは県教委の指導によるものである。職員会議はこれに反対したが、結局、七月三〇日校長職権により教頭を顧問に解放研が発足し、部室が与えられ、標識がかけられた。以後解放研問題につき、教師側と育友会、県教委などとは話合いがなされていたが、解放研の生徒との間では［中略］折衝はなかったが、一一月一二日解放研から同校同和教育室との「話し合い」の申入れがあった。［中略］一一月一六日職員会議では、「解放研との話し合いは、その正体は糾弾会であり、外部の青年行動隊が連合解放研を引き入れ、教員を暴力的に監禁し、不測の事態が生じるおそれがある。話し合いのルールが決まらない状態で応ずるべきではない。」という意見が大勢であったが、解放研では連合解放研へ支援を求めた上で、教師三名と話し合いを行ったが、何故話し合いがもてないかを中心として論議を重ねたが、結論が出ないまま、三時間程で打ち切られた。一七日（日曜日）県教委は解放研との話し合いを要請したが、教師側は外部団体を含む話し合いには応じないとして拒否した。同日校内に「解放車」［解同の大型宣伝カー］が入りビラ張りが行われた。一八日には、教師側は集団登校したが、解放研は三項目の要求［①八鹿高校解放研の顧問をさらに三名つけること（但し、その人選は解放研の希望を受け入れること）、②八鹿高校解放研と先生との話し合いをもつこと（但し、但馬地区高等学校連合部落解放研究会並びに各役員を含むこと）、③現在八鹿高校の同和教育は、部落の解放とすべての生徒の幸せにつながっていないことを認めること（八鹿高等学校部落解放研究会一九七四）］を学校側に出し、座り込みを始めた。（同前、二八～二九頁）

県教育委員会、育友会もこの要求をのむよう要請したが、教師側は拒否した。同日は朝から「解放車」数台が校内に入り、休憩時にはシュプレヒコールが行われた。解放同盟を中心として「八鹿高校教育正常化要求共闘会議」が発足し、丸尾が議長となり、闘争方針を発表した。学校応接室が「共闘会議現地本部」となり、同盟員が職員室にも入り、県教委職員は、学校内の宿舎に宿泊し、管理職、共闘会議と密接な連携をもっていた。午後八時頃、教師側は集団下校した。（同前、二九～三〇頁）

一九日。この日も共闘会議は多数の同盟員と解放車を校内に送り込み、座り込みを続けている解放研生徒と呼応して、アジ演説、シュプレヒコールをくり返し、校内は騒然としていた。授業は三時限で打ち切られ、教師は職員会議の後、午後三時半、集団下校をした。県教委は教師に次の文書を提出した。「現時点の異常な状態を解決するためには、すみやかに解放研の生徒と話し合いをしなさい。［後略］」（同前、三〇頁）

二〇日。解放研生徒の座り込みは続行され、教師は、朝八鹿警察署前に集合し、集団登校した。第一時限はホームルームで教師側は生徒に状況説明をしたが、解放研生徒も各クラスに入り、自己の立場を訴えた。共闘会議は「解放車」と同盟員ら数一〇〇名を校内に送りこみ、校庭に投光器が設置され、南但全域の解放同盟支部へ動員指令が出された。同日、共闘会議は「八鹿高校差別教育糾弾共闘会議」と改称した。教師側は一九日の県教委の指示に対し、左記の趣旨を回答した。「返答に先立ち、まずあなた方を含んだ指導による異常な事態（解放研生徒の座り込み、外部の方々の本校教育への介入）を一斉に解き、昭和四九年五月以前の状況にもどすことを要求します。［このあと「以上のことが施行されたことを確認した上で、話し合いに応ずるか否かについての職員会議を開き、正式に回答します。なお、校内における生徒指導について直接、公印等もおされない命令まがいの指示［を出すこと］については重大な疑義をもつものであり、今後追求《及》することを付言しておきます（八鹿高校教職員一同一九七四）」との文章が続く］」午後五時半頃、教師側は集団下校した。午後六時半、共闘会議は決起集会を行い、後デモ行進をした。参加者約四〇〇〇人。（同前、三〇～三一頁）

二一日。解放研生徒の座り込みは続き、教師は集団で登校。共闘会議は前日同様に大量の解放車を八鹿駅前、八鹿高校前、校内に投入して激しい演説・シュプレヒコールを行い、同盟員は職員室内にも入った。［中略］解放研生徒は、午後三時四〇分頃から「ハンスト」に入った。生徒「自治」会執行部主催の生徒集会が急拠《遽》開かれ、丸尾議長はこれに出席して、教師に対する糾弾を宣言したが、同時に「暴力は否定する」と生徒に確約した。教師は午後四時五分、集団下校し城崎温泉に同宿した。（同前、三一～三二頁）

4　八鹿高校事件（一一月二二日）

教師たちは、朝八鹿駅に集合し、集団登校した。町には多数の解放車が走り、大勢の解放同盟員が動員され、ビラがまかれていて、緊迫した雰囲気であった。学校では解放研の生徒たちが座り込みを続けていたが、解放同盟側は授業終了後に学校で三万人集会を予定しており、教師側はそうした前日来の状況および翌二三〜二四日が連休であることから、平常通り授業をしていたら、下校時には、学校を包囲され監禁されることが必至であると判断し、授業をやめ、午前九時三〇分集団下校を始めた。集団下校する教師たちを、校長・教頭・県教委職員は玄関で阻止しようとし、校長は「平常通り授業を行うよう」口頭で職務命令を発したが、教師側はこれを無視して校門を出、駅に向って行進した。（同前、三二一〜三二三頁）

午前九時五〇分頃、約六〇名の教師集団が立脇履物店にさしかかったとき、乗用車が出てきて行手をさえぎった。進行できなくなった教師たちは、その場にスクラムを組んで座りこんだが、解放車でかけつけた丸尾議長は、教師たちに学校へ引き返すよう求め、座りこんだ教師を取り囲んだ解放同盟側は、一人々々ゴボー抜きにして、マイクロバス、トラックなどに乗せ、八鹿高校へ連れ戻した。このとき、こばむ教師たちを、殴り、蹴り、両手両足をつかんでつりあげ、路上に落としたり、トラックに放りなげたりなどの暴行が行われた。（同前、三二三頁）

学校へ連れ戻された教師たちは、第二体育館におしこめられ、それから午後一〇時すぎまで確認・糾弾会が行われた。［中略］①まず一人々々にして、数名〜一〇数名の同盟員が取りかこみ、解放研と何故話し合わないかを中心として、確認・糾弾する。②話し合いに応ずる者、拒否する者に分け、場所を会議室、解放研部室に移し、確認・糾弾する。③「過去の同和教育は間違っていた」「今後は、解放研の生徒に学びながら同和教育を推進していく」などの内容の確認書・自己批判書を書かせる。④最後に全員を第一体育館に集め、自己批判書が各自の意思で書かれたものであることを確認させる。この間、反論する者、自己批判書をなかなか書かない者、以前から教師側の指導者と目されていた者などは、殴られたり、蹴られたり、水をかけられたりなどし、多くの者が重軽傷を負い、けがのひどい者は応接室に運ばれて手当を受けたり、また八鹿病院に運ばれ治療を受けた。当日、教師側の内、少なくとも四八名が加療一週間以上四ヶ月、うち三〇名が入院加療必要というものであった。［中略―一九七五年三月八日付の岡山県民主教育協議会による八鹿病院調査結果（岡山県民教「八鹿高校事件」現地調査団一九七五）によれば、骨折など重傷を負い治療期間が四週間を超す教師は一三名、入院者数は二九名］午後五時頃、共闘会議は校庭で三万人集会と称する集会がなされ《ママ》、午後一一時頃には確認・糾弾会が終った。ピーク時には共闘会議側は、五～六〇〇〇名が学校内にて確認会、糾弾会に参加している。この間、生徒達の多くは、教師達が糾弾されるのを見て、警察に出動の要請をしたりした。また、「暴力反対」のデモ行進を始めたところ、無許可であるとして制止された。その許可がでるまで八木川原に集って、「暴力反対・先生返せ」の叫びをあげていたが、許可を得て出発しようとしたところ、解放同盟側の制止と警察の説得により、結局デモは行われず、五時頃解散した。（同前、三三～三五頁）

当日、校長は、警察からの度々の問合せに対し、「正常な話し合い」が行われているとして、警察の立入り、直接調査を拒否しており、教頭は体育館での現場で糾弾を受けている教師の氏名を確認したり、その場にいない教師に電話・電報によって職場復帰を命じて、確認・糾弾を受けさせようとし、県教委職員は、終始共闘会議と行動を共にし、これに同調していた。警察は、以前からの経過もわかっており、立脇履物店前の混乱・暴行には、署長自身も目撃し、それにまきこまれていながら、体育館での状況につき、単に校長らの説明を聴取するにとどめ、十分な情報収集を怠り、被害者の搬出、犯罪行為の制止等に不十分な点があったことは否めない。（同前、三五～三六頁）

5　事態の「推移を見守るにとどめ」た警察

検察が不起訴処分とした八鹿警察署長釜谷吉四郎に関する付審判請求事件は、一九七六年九月、神戸地裁で請求棄却の決定があった。「公務員職権濫用」については改めて証拠不十分とされたが、日弁連報告書にはその決定文が添付される。ここではその事実認定部分を用いて上述の日弁連報告書を少し補う。

［一九七四年一一月一八日］原田弁護士或いは兵庫県高教組西岡某［西岡幸利書記長］から教職員の保護を要請され、被疑者［釜谷］の指揮で実情調査、情報蒐集にあたり、さらに万一に備え、署員の待機を命ずるとともに若干の警察官を派して教職員の集団下校の保護にあたらせた。同日以降被疑者は同校教頭や県教委から同校へ波《派》遣された職員らと接触をもち、また解放同盟関係者からも情報を入手し、実情を把握しようとしたが、学校管理職や県教委側においては、この問題は教育の場で解決したいし、その自信がある旨の意向が強かったのと、当時刑事事件までの発展は格別に予想できなかったので、その推移を見守るにとどめ、ただ教職員の登下校については、その要請があったときは相当数の警察官を派遣し（要請がなかっても、万一を考え経路の要所に警察官を配して）その保護警戒にあたってきた。（同前、一一八～一一九頁）

しかし、二〇～二一日には緊迫した状況をむかえ、「被疑者は兵庫県警察本部（以下「県警」と省略する）警備課に状況を報告するとともに、但馬地方各警察署からの応援部隊の待機を予め要請していた」（同前、一一九頁）。

二二日、「被疑者は、朝礼後、課長以上の幹部を集めて連絡会をもち［中略］衝突が起るとすれば、当日二二日午後の放課後になるであろうとの状況判断のもとに、それに対処する警備措置を検討していた」。「午前九時五五分、いわゆる一一〇番通報で『新町で大勢がもめている』と、同時五七分、付近住民から『新町で先生と解同がもめて道をふさいでいる。直ぐ来てくれ』との急報が入り、被疑者は緊急事態と判断し、全署員に現場出動を命ずるとともに自己はパトカー乗務員らと共に」現場へ急行した。釜谷らは立脇履物店付近で「大混乱になっているのを現認し、八鹿高校教職員と解同員を中心とする共闘会議構成員（以下「共闘員」と略称する）との衝突と判断し」、自らその「渦中に入って『やめんか』と怒号し」て共闘員らを「払いのけようとしたが、逆に共闘員らによって自己の身体を引きずられ、倒され」た。「被疑者は目前で引っぱられて行く教職員とおぼしき人を見てその相手方に『やめんか』と言って制止したが、このとき教職員らしい人に助けを求められて足にしがみつかれ、バランスを失って倒れ」てしまい、「『手を放してくれ、何もできん』と叫んで、その手を放させたところ、その人（八鹿高校教諭米村正徳と思われる）は共闘員らに連れ去られてしまった」。「途中安藤巡査部長を見て『機動隊一個中隊、但馬部隊と情報班の派けんを要請しろ』と命じ、そうこうしている間に、教職員は殆んど全員が共闘員らによって路上を引きずられ、或いはトラック等に乗せられて八鹿高校の方へ連行されてしまった」（同前、一一九～一二二頁）。

［釜谷は］部隊を立て直して高校へ立ち入り、教職員を救出する外なしと考え、伝令をもって

情報、採証班を除き、他の警察官には帰署を命じたうえ、自己は一応八鹿高校正門前に赴き［中略］外側から偵察した後、署に帰った。なお、同日午前一〇時四分ごろ、和田山、出石、豊岡、城崎、香住、浜坂各署の一般部隊、同時五分ごろ、県警機動隊一個中隊の各応援要請が、八鹿警察署長代理同署次長鷲尾民雄から県警警備課になされている。（同前、一二二〜一二三頁）

「午前一〇時四五分、被疑者は署員約三〇名を八鹿高校正門前に集結させ、まず被疑者ら同署幹部三名が校内の状況を確認しようと考え」たが、共闘員のピケに阻まれ、校長も釜谷らの立ち入りに応じなかった。その後、釜谷らは「共闘会議本部のあった八鹿町民会館をおとずれ、共闘会議を支持する立場にある同町助役らから、校内の様子」を聴取後、校長へ電話をかけさせたが、校長は「なごやかに話し合いをしている」などと回答（同前、一二三〜一二四頁）。「午前一一時五五分ころ」、釜谷は八鹿高校門前で再度校長に会ったが、「校長は『中に県教委の人もいるのでよく相談してみる［中略］』と言って校内へ戻ってしまった（その時たまたま正門から救急車が出て行ったので、被疑者は《が》同校長に『中にけが人がいるのか』と尋ねても、同人は冷静な様子で『［中略］四、五人の先生が朝、町内でもめたときにけががをしたので病院に運んで行った［中略］』と答えている）」（同前、一二四〜一二五頁）。県教委畑中参事も「異常はない」と答えた。「午後二時ころ、被疑者は八鹿警察署高柳駐在所に移って県警警備課に報告、爾後の措置について打ち合わせ」、さらに「午後三時二〇分八鹿高校正門に赴いて、右畑中参事とともに、共闘側山本佐造、和田与八郎と面接」、違法行為はないとの回答を得、「教職員との話し合いの終期を午後六時、遅くとも六時半ころと約束させ」た（同前、一二五頁）。

「午後一時一〇分ごろから」八鹿高校生約八〇〇名が河原で共闘員と対峙していたが、ここに「相当数の警察部隊がさかれ」、「被疑者もこの警備部隊の指揮のため午後四時四〇分ごろから午後五時一〇分ごろまで」赴いていた。それから「一たん八鹿高校前に戻ったが、その後八鹿町役場に赴いて、山口副知事、畑中参事等県関係者らと会談し、校内集会を終らせるよう要求し、午後六時三〇分を過ぎた時点では、右畑中に対し［中略］約束が履行されていない点を追及し」た。到着していた機動隊一個中隊の隊長らとは「捜査の時期、方法等を検討し」たうえ、「午後八時ころ」また校長に電話して状況を確認、「異常はない旨の返事」を得た（同前、一二五～一二六頁）。

午後九時二三分、八鹿警察署裏庭において、解同山口県連書記長、和田執行委員に会い［中略］一〇時には終る旨の回答を得、さらに付近一〇町の代表という八鹿町長、大屋町長とも会い、これ以上遷延できない、警察の判断で機動隊を入れる旨強く警告したうえ［中略］第二機動隊一箇大隊を主力とした警察部隊を八鹿高校正門付近まで出動させた。配備完了は午後一〇時四八分。（同前、一二六～一二七頁）

この間、宮下県同和対策局長・和田解同県連執行委員らの「引き延し工作があった」が、「午後一一時三分、被疑者が私服六名を伴い、解同山本佐造に案内させて八鹿高校に立入り、職員室等で多数の教員が顔に負傷しているのを見て［中略］直ちに救護、被害聴取その他本格的捜査態勢に入った」（同前、一二七頁）。

警察応援部隊は、午前一一時二〇分～午後一時五三分の間に計九二名が但馬地方各署から、午後六時一五分に八一名が県警第一機動隊から、さらに七時五〇分～八時二〇分の間に六七名が県警公安捜査隊・警備情報班から、九時四九分に二九三名（一個大隊）が第二機動隊からそれぞれ八鹿署に到着した。最終的には応援は計五三三名、八鹿署員を合わせれば約六〇〇の警察部隊となったであろうが、共闘側は午後六時四五分ごろが六〇〇〇名（集会）、午後八時二四分ごろで二〇〇〇名以上である。機動隊の到着が遅れたのは、「当日午前、フォード米大統領大阪空港出発準備のため、殆んどその全勢力が同空港付近に」配備されたためだという（同前、一三七頁）。

この日「午前一一時五〇分ごろから、事件を知った安武、小巻両代議士（共産党所属）、峯田、岩田両弁護士らとともに、八鹿高校教職員の家族や同校生徒ら多数が八鹿警察署に駈けつけて、高校に連れ込まれた教職員の保護ないし救出の要請をしている」。対応したのは警察署次長で、次長は、「校内は平穏であるとのことである」と繰り返し回答する一方、「警備上の支障も多い」といった理由で部外者の署内立入りを制限した。八鹿病院へは「午前一一時、午後一時及び七時ごろの三回にわたり」警察官を派遣しているが、「その段階では負傷者自身から被害状況を聴取するに至っていない」。八鹿高校から「うまく逃げ出してきた高校職員藤原等（4）が午後三時ころ八鹿警察署へ急報に駈けつけているが、この人からも早期に事情聴取がなされておらず、午後七時ころに至ってやうやく」聴取、「暴力事犯を確認した」。「その他同校生徒中に校内の状況を目撃し、その救出を要請するため警察に赴いた者もあったが、事情聴取に至らず、前示デモの方に参加している」。結局、午後一一時ごろ自らが高校内に入るまで、署長である「被疑者には、部下からの格別の報告等もなかった」（同前、一二九～一三〇頁）。

以上は、当時の但馬があたかも警察官職務執行法の適用除外地であったかのような事実経過である。

三　事件の全体像をとらえるために

八鹿警察署長は確かに不起訴となった。しかし、同署長が「教職員を救出する」目的で接触した相手が、八鹿高校差別教育糾弾闘争共闘会議現地闘争本部の窓口となっていた珍坂同校校長や同じく現地に詰めていた解同県連役員らにとどまらないことは、上記地裁決定文でも明らかである。署長は、共闘会議本部があった町民会館と同じ敷地内に建つ町役場において山口廣司副知事、畑中芳夫県教委同和教育指導室参事ら県関係者と、共闘会議本部では森木正三八鹿町助役とそれぞれ「会談」し、さらに南但民主化協議会(5)加盟の一〇町を代表する岡村勝文大屋町長や玉川忠利八鹿町長、また宮下琢夫県同対局長とも会っていた。警察サイドの問題はしばらく置くとして、「終始共闘会議と行動を共にし、これに同調していた」行政機関は県教委職員や校長にとどまらないのである。八鹿町発行の『広報ようか』(一九七四年一二月二〇日)も、「十一月十八日には、町長代理、PTA会長、県教委代理等が八鹿高校に行き、教職員代表と話し合いをもち、更に十一月二十日には八鹿町議会の名において〝解放研の生徒と八鹿高校の先生方との話し合いをするように〟という要望をかかげて議会の代表者数名が、八鹿高校と県教委、同和局に対して足を運んで申し入れをした」と明言している。

『八鹿高校差別教育糾弾闘争共闘会議ニュース』二号・三号(一九七四年一一月二一日・同二二日、兵庫県高等学校教職員組合八鹿高校分会一九七六a所収)に従えば、同共闘会議には「但馬全域より一四六団体」が参加していたが、そこには解同・解放研および労組などの運動団体以外に、当初から町議会・町同和教育推進協議会・農業協同組合・商工会・森林組合・婦人会・青年団・区長会・育友会・PTAなど多数の公的機関・地域組織が含まれていた。またこれと並行して、南但各町の町役場では「糾弾闘争」をすすめる「対策本部」や「共闘本部」が設置されている。たとえば、『八鹿高校差別教育糾弾闘争和田山町緊急対策本部速報』一号(兵庫県高等学校教職員組合八鹿高校分会一九七六a所収)の伝える和田山町の「闘争」態勢をみると、同町では、一一月「二十日午後六時、和田山町議会、［区］総代会代表者、町同協理事、その他関係団体代表による緊急対策会議をもち、『八鹿高校差別教育糾弾闘争和田山町緊急対策本部』の設置」を決定した。同速報所載の組織図によれば、本部長は町長、副本部長は町議会議長・総代会長・町同協会長・助役・教育長・八鹿高校育友会支部長がつとめ、町役場住民課・企画室・会計室で指揮班、同税務課・教育事務局で情報班、同産業課・給食センターで食糧班、同総務課・水道課で輸送班、同建設課・議会事務局で設営班を組織したうえ、住民を区ごとの行動隊諸班（班長＝区総代会長）に編成した。

この点について、鈴木良は、「この時期では、地域の古い組織、たとえば学校・区［大字＝部落］単位の住民組織がなお機能していて、解同支部はこれらを支配下に置くことでヘゲモニーを握った」と述べている（鈴木良二〇〇七）。この指摘は、当時の但馬地域では古い伝統的な「共同体」的組織がなお支配的な地位を保っていたこと、そのことが後述する過疎と低開発の進行に不安をつのらせる青少年層、特に部落青年層に一層強い閉塞感を抱かせ、彼らの解同の糾弾方式に対する共鳴を容易にしたこと、さらに、それが古い組織に拠り古い差別意識を持っていた住民らに脅威を感じさせ糾弾に屈伏する道を選ばせ、屈伏を拒否する八鹿高校教職員らの地域内での孤立化を容易にしたこと、等々といった地域的事情に関する考察を含んでいよう。またこれに関連して、鈴木は、県の認める「唯一の解放運動団体」が解同であったことも事件発生の要因として重視している。

部落差別がなぜ長く近代にのこり社会問題となったかという問いを、鈴木が社会関係・社会構造の次元から解こうとして提起した「地域支配構造」論については、筆者自身、さらに準備をして別の機会に実証と議論を深めたいと考えている(6)。したがって、ここでは「地域支配構造」の深みにまでは踏み込まない。しかし、八鹿高校事件を歴史研究の対象とするかぎりは、上述の町史類の現状に照らし、また鈴木の上記の指摘に関わって、事件を引き起こした側、そういう意味での当事者となった行政（権力）側の意図や、行政―地域間の関係を、具体的に検証していくということが研究課題となるという点ははっきりさせておきたい。よって、行政や地域住民を単に事件に「巻き込まれた」第三者とみなすような立場には立たない。解同中央機関紙『解放新聞』の編集長であった土方鉄の現地調査報告にも、南但では「部落、部落でたたかいがおこってきて、［解同］支部がつくられてきたというのではなく、融和会系の組織が横すべりに支部・地協になっていったわけで、上［行政側］から組織されたというきらいがある」との指摘がある（土方鉄一九七五）。事件は、少なくとも保守県政がとってきた解同の「糾弾闘争」に対する融和的姿勢や、高度経済成長期を通じて深まった行政―地域間の権威主義的な関係のなかでこそ生まれたものであろうと筆者は考えている。

1　行政の沈黙

その意味で、事件の「背景」としての「兵庫県における戦後部落解放運動と兵庫県政とのかかわり」を追究した杉之原寿一の研究（杉之原寿一二〇〇六）はさらに検証され深められる必要がある。杉之原によれば、戦後の県同和行政には、戦前の融和団体である兵庫県清和会の「内部自覚中心・一般啓蒙外郭主義」が早くから持ち込まれ、部落解放委員会県連の再建も「兵庫県政の主導のもとで行われた」し、県は一九六〇年代後半から「部落解放兵庫県連に対して融和主義的な指導・育成にとどまらず、同和行政の推進を通じて抱えこんでいく懐柔政策を」とってきた。一九七三年五月、部落解放兵庫県連が組織ぐるみで解同に加盟して以降も、「県当局は、部落解放同盟兵庫県連に変質した組織とのつながりを断ち切れなかっただけでなく、こうした一連の暴力的蛮行に加担しさえするところへと追い込まれていった」。ところが、八鹿高校事件で県政は批判を浴び同和行政を「修正」しはじめる。そして、一九七五年九月の尼崎・育成調理師学校事件を機に「県政は急速に態度を変更、『県政資料』№1（九月一〇日）、№2（九月一七日）、№3（一〇月一一日）を相次いで県民に配付し、そのなかで暴力的糾弾の否定、行政と運動の区別、『解同』小西県連とのみの連携の否定などを表明するとともに、一二月［正しくは一九七六年二月］の県議会では『同和行政における窓口一本化は廃止する』と言明するにいたった」、という。

実際、県同和行政の「修正」は事件直後からすんなりはじまったわけではない。一九七四年一二月一三日付『神戸新聞』記事によれば、同一二日、豊岡市を訪れた坂井知事は記者会見で事件に言及し、暴力に「遺憾」の意を表明しながらも、県政にまったく瑕疵《かし》のないことを言明していたからである。すなわち、「去る十一月十八日に八鹿町を訪れ、部落解放同盟の要請で現場に行って初めて事態を知ったが、傷害の起きるケースは予想もしなかった」、「紛糾については［解同側と教員側］双方が反省しなければならないこともある」、また「県と部落解放同盟との連携は方針として間違っているとは思えない」などと言い放っていたのである。むろん、この厚顔に過ぎる県の姿勢は、一月程度しか維持できなかったと思われる。

ただ杉之原論文は、県の行政が八鹿高校事件そのものの構成要素といえるのか否か、あるいは具体的に県が事件にどう関わっているのかということについて明らかにしたものではない。しかし、事件の全体像究明のためには、県政と事件の展開との具体的関連こそが解明される必要がある。「現代部落問題をめぐる［中略］すべての分野で、新たな資料の発掘を含めて本格的に総括しなおす作業は、これから」という杉之原の言葉は、八鹿高校事件の解明作業にも完全にあてはまる。

兵庫県の他の自治体史、たとえば『西宮現代史』第一巻Ⅱ（西宮現代史編集委員会二〇〇七）では、八鹿高校事件の前触れをなす、一九七三年の解同県連による西宮市役所占拠事件の経緯や、右顧左眄《うこさべん》する「首振り行政」の実態が、豊富な行政資料・記録などを用いて詳述されているが（ここでも県政の分析は十分ではない）、これに比べると先の南但各町史で用いられた行政資料などはあまりに貧相である。事件の輪郭を明確にするためには、それに直接関わる行政側の資料と記録が保存され、公開されなければならない。

ちなみに、事件当時「八鹿高校差別教育糾弾闘争和田山町緊急対策本部」本部長＝和田山町長であった並川實治（7）には、以下のような県の動向に関わる興味深いメモワールがある。

まず、「昭和五十年二月二十日午後、兵庫県林業会館において、兵庫県主催の当面する同和問題についての懇談会が開催された」という話。「兵庫県側からは、坂井時忠知事、山口進《ママ》副知事、森脇隆総務部長、小笠原暁企画部長［同年四月から教育長、一九七八年四月から副知事］、小野賢一民生部長、宮下琢夫同和局長、平林忠正地方課長、白井康夫教育長らが出席。召《招》集を受けたのは、養父、朝来両郡八町のうち、八鹿、養父両町長［一九七五年二月一六日、解同の運動に批判的な細川喜一郎と朝倉宣征がそれぞれ新町長に当選］を除く、生田春二山東、岩崎賢司生野、藤次三平朝来、並川實治和田山、岡村勝文大屋、西垣彌関宮の各町長であった」。森脇総務部長は「昨年来の朝来、八鹿事件を反省して今後の県の同和問題に対する基本的な方針を決める」ため、「1．今回の同和問題の経費負担について　2．窓口の一本化問題について　3．解放問題についての糾弾の在り方について」意見を聞きたいと言い、山口副知事からは「1．解放問題と町村との関連　2．解放問題について解放同盟の町に対する要求事項についての対応の仕方　3．糾弾について」説明があった。各町長からは「止むなく多額の財政支出を行ったことについて、その財政的補てんのための特別措置を図られたいという要望が強く出、また、朝来事件といい、八鹿事件といい、いずれも学校教育のことであったにもかかわらず、県の出先機関などの指導や対応に誤りがあったと思われるという強い発言もあり、激論が交わされる場面も」あった。議論のなかで「小笠原企画部長から、朝来、八鹿事件の発生について関係諸局出先機関の対応に適切でないものがあったという意見が強く出された」。

会議後、「県内部でも真剣に協議が行われ」方針は修正された。県幹部職員の異動では「朝来、八鹿事件はじめ、県下各地で同時発生した時期の同和関係部局長などの大巾入れ替えが行われ」、以後「調理師学校問題などの発生を見ることはあっても、県の毅然たる方針によって鎮静をみることができ」るようになった。のち坂井知事は、「あれ以来、同和問題の所管庁である総理府総務[庁]長官が新任したら、兵庫県の同和対策を視察することになっていて、こんど同庁長官に就任した後藤田(正晴)さんが『坂井さんこんどあなたのところの同和対策を見せてもらいに行くが、大丈夫かいな』と話されたので、大丈夫ですよ」などと答えたと、並川に語っている(並川實治一九九三)。

県当局が南但各町長を集めた、一九七五年二月二〇日の「懇談会」に関する並川の回想は、記述が具体的で一定の記録かメモに基づくものと考えられる。そして、そこでのやりとりをみると、県当局者・町当局者ともに、自分たちこそが兵教組朝来支部長宅包囲事件や八鹿高校事件の、まさに当事者であるという認識をもっていたことがわかる。各町に置かれた八鹿高校差別教育糾弾闘争緊急対策本部は、同「懇談会」の後、ほどなくして解散された。

これ以外に、並川のメモワールには、朝来・八鹿両事件で町職員組合員の解同支援動員への参加は「専免扱い」であったこと、朝来事件のさなかに県民生部長が「事態を報告するため、急遽上京」し、宮下県同対局長が但馬入りしたこと、町対策本部は朝来事件後に組織され、並川の上京出張中(一一月一八~二〇日)に同本部の共闘会議参加が決定されたこと、八鹿事件当日、八鹿町には南但各町の町長が揃って集まり(午後三時時点では山東町長が未着)各種対策を協議したこと、町長らは県教委から派遣されていた教育次長と連絡をとることができなかったこと、さらには並川が同和対策事業特別措置法成立前に衆議院自民党の秋田大助同和対策委員長らと接触をもっていたことなども記されており、たいへん興味深い。

また、事件当時大屋町長で南但民主化協議会会長でもあった岡村勝文(8)の文章には、県政に対する憤懣が綴られ、並川の回想とも符合する部分がある。曰く、県「担当局に生野、朝来町の事件の時に緊急電話で対策本部設置を要求したが、答えは、『局地的な問題で拡大はしない。』との返事であった。何がその判断基礎か、聞き直しても説明はなかった。」八鹿高校事件では「教委にしても、派遣された高官の負傷という事故で、所在が不明であり連絡も町村とはとれなかった。縦割行政の非常臨戦体制としての指令《司》塔が最後まで造ってもらえなかった。」「昭和五十年四月八日付の県の声明は、突然」で、「末端町の戸惑いは大きかったし、特措法施行以来の研修会等での説明事項の数々は霧消に等しく、強い不信感を持った」、と(岡村勝文一九九六)。

実際、八鹿高校内に共闘会議現地本部が置かれた一一月一八日には、坂井知事自身が同校を訪ね丸尾と握手を交しているが(兵庫県高等学校教職員組合一九七五)、解同・解放研への県当局の肩入れは尋常ではなかった。事件当日には、八鹿に派遣された山口副知事が共闘会議本部に陣取っていた。ちなみに、山口は戦中・戦後と、公安一筋に歩んできた警察官僚で(詳しくは本書第二部参照)、同じく特高・警察官僚出身の坂井に「懇望」され、一九七四年五月三一日付で兵庫県副知事に就任し、一九七八年一月に亡くなるまで坂井の「女房役に徹し」た人物である(山口廣司追悼遺稿集刊行会一九七九)。

岡村の文章はこう結ばれている。

声のない行政側に、歯がゆさを感じている。前進のためには、積極的な姿勢発言の中から展望が開けるのではないか。政党、教師団関係、運動団体(分裂している双方)等々、著述が多くある。行政側は声がない。以来二十年余、永遠の沈黙の世界にこのまま、持って行ってもらいたくない。［後略］（岡村勝文一九九六）

2　県政・国政と地域

もう一つ重要なのは、行政―地域関係の全体史のなかで事件を考える視点であろう。その点で重視すべきは、そもそも但馬各町の県政・国政への依存度の高さは同和行政に限らないということである。先に触れた鈴木論文は、事件の基盤をなす条件として、高度成長期における南但の激しい地域的「動揺」を指摘した。但馬の人口は、一九五五年以後の二〇年間に四分の三に減るが、「人口の流出はとくに二〇～四〇歳ではげしく、中学・高校卒業後に大阪・神戸などに流出するものが部落にも多かった。相対的に低学歴の部落の労働力(9)は、短期間に職場からはなれUターンする者も多かった。［中略］一般地区も青年が都市に流出し、高齢化が進行していた。そこに一方的に差別の苦しみが強調され、中学生などが糾弾の手足となって動かされ」る事態が出現するにいたった、と。

実際、但馬の社会教育センターにあたる県立但馬文教府（上田平雄文教府長）が刊行した研究集録＝文集（但馬教育を拓く研究会一九七二）などは過疎特集といってよいほど、以下のように、多数の筆者が入れ替わり過疎について語っている。

すなわち、「［人口激減の］要因は、近年の経済社会の発展に伴なう若年労働者の都市流出と、町内きっての大企業である、明延鉱業所の永続的な隆盛の必要からの人員削減である。更に零細農家では、転業即離村という傾向から過疎化現象が生まれる。［中略］最近都市へ憧れて流出した青年が、過密地帯の公害・住宅問題等にこりて帰農するケースがあり喜ばしい」（大屋町立大屋小学校教員）、

「私の村はほとんどが農家です。［中略］又ことしも［減反政策で］米を作るのをへらすといっている政府ももっと農家が住みよいような政治をしてほしいと思う。私の父もたいてい冬になると出かせぎに出ます」（関宮町立出合《であい》小学校児童）、「児童・生徒の減少につれ、各市町で学校統合が進められている。統合の長所面がわからないでもないが、統合することによりある地区から学校がなくなり、その地区はさびれ、なにか過疎に一層の拍車をかけているかのよう」（村岡町立射添《いそう》中学山田分校教員）、「十年のあいだ三万の人が減り、幾百の休耕田に夏草は枯れて丈をなす、若者の住まぬ但馬、［中略］『〝離農〟〝三ちゃん農業〟と言われた時分からこっち、養鶏・自然上簇《じょうぞく》、共同出荷、みんな手がけた。転作・多角経営・機械化と、すがる思いでなぁ……』［中略］子供らの数十％は但馬を出ると言い、農村志望は百八十名中一人だという」（山東町立梁瀬《やなせ》中学教員）、「わたしたちの生野は、今、近く鉱山が閉山になるために、多くの人々がこの地を去って行こうとしています。［中略］鉱山はなくなってしまっても製作所は残りますし、生野町には栃原《とちばら》のあのように広いゴルフ場があります。わたしは、この生野の自然を利用し、すばらしい観光地を造りたいと思います」（生野町小学校六年生児童）、「今の但馬は、人口が減っていくばかりです。［中略］但馬の良い所は自然が豊かであるということで、それを生かして観光地にすれば良いと思います。［中略］そうなるには、道路を舗装したり、観光地になるところには旅館や子供達の遊び場や公園をふやしたり、店などもふやしたり改造したりします。まず、それには予算が必要です。予算は県からや町から出してもらえば良いと思います」（同前）、など。

各文は、一九七〇年代初頭の但馬が置かれた状況や住民の意識をよく伝えている。「和田山町史編集委員一九七三」によれば、南但南部の中心自治体である和田山町においてすら、一九六〇年代後半には「家庭をはなれて働く婦人の動きが盛んとなり、地域婦人団体としての活動は追々実施が困難となり」、「過疎現象と就職の多様化等の結果［中略］青年団そのものの存在が危ぶまれる状態」に至ったし、産業的には養蚕業の劇的衰退をうけて一九六九年に片倉製糸が工場閉鎖を行った。

一九六〇年代、利益誘導をこととする保守政権は全国総合開発計画（一九六二年閣議決定）を策定し、地域間格差の是正、工業の地方分散を目的に拠点開発方式を推進した。兵庫県では逸早く播磨臨海部が指定地域となり政府の助成を受けた（山本正雄一九五九、高砂市史編さん専門委員会二〇一四）。これを補完する低開発地域工業開発促進法（一九六一年公布）は山間部等に適用され、一九六三年には、豊岡市と八鹿・養父・和田山・日高各町が指定を受けることとなった（八鹿町一九七七）。一九六六年の県勢振興計画をうけ、一九六〇年代末には工業振興や「社会開発」を軸とする町勢振興計画が但馬各町でも策定された。しかし、太平洋ベルト地帯に投下される公的資金・民間資本と「低開発地域」に対するそれらとの間には雲泥の差があり、これに農業から非農業への労働力移動を促し補助金等を通じて「中核農家」の育成のみをはかってきた一九六〇年代以降の農政が合わさり、高度成長期を通じて但馬の過疎化には歯止めがかからなかった。一九七〇年には、さまざまな財政措置を伴う過疎地域対象の特別法（過疎地域対策緊急措置法）が初めて制定されたが、但馬ではさっそく但東・朝来・村岡・温泉・美方・関宮・大屋の七町が同法の適用を受けている（兵庫県一九七九）。

重要なことは、この間に各町の県・国に対する財政依存が決定的に深まったことである。たとえば、和田山町の場合、国・県支出金が同町の歳出総額に占める割合は、一九五七年度＝二八％、一九六一年度＝五一％、一九六九年度＝五三％と高まった（和田山町史編集委員一九七三）。八鹿町も、「当町の財政力は、但馬において城崎、豊岡、生野に次いでその基盤となる税源に恵まれているとはいえ、自主財源は一億一千万円程度であり、三億の予算執行には二億に近い財源を国、県に依存しなければならない」と、一九六八年の『町勢振興計画』に記している。上述の文教府文集（但馬教育を拓く研究会一九七二）でも認められるように、こうした財政状況は小学生を含む多数住民の意識に影を落とした。町行政が県政・国政に依存し、町民も町行政を媒介に県や国の意向をうかがう傾向を強めた。事件当時も、南但各町は肩を寄せ合い国や県の開発計画に沿って各種事業に取り組んでいた。先に述べたとおり、一九七四年一一月一八日（月曜）、八鹿高校内に共闘会議現地闘争本部が設置された日から並川和田山町長らは東京へ向かうが、これは南但各町の町長が当時どういう仕事を重視していたかをよく表している。並川らの上京は、円山川上流改修関連予算の増額を建設省や国会議員に陳情するためであり、陳情には八鹿・養父・山東・日高各町長も参加していた。そして、八鹿高校問題の緊迫で玉川八鹿町長のみは二〇日早々帰途につき、並川らは神戸で県土木部や河川課に陳情結果報告を行った後、同日夜に帰町したという。このあたりに但馬各町の自治体としての難点がよく表れており、事件は少なくともこの難点との関係でも位置づけられなければなるまい。

別のいい方をすれば、そこには国と自治体との関係そのものにおける問題が表れているわけで、事件に関わる国政レベルの動きは当然解明される必要がある。先の並川のメモワールにも、朝来事件のさなかに県民生部長が「急遽上京」する動きが記されている。事件は自民党政府―保守県政が意図し仕組んだものでないにしても、その掌《てのひら》のなかでおきたのである。

これに関連してさらにいえば、前掲「鈴木良二〇〇七」のなかの次の論点には注目したい。鈴木は、同和対策事業特別措置法の立法化に代表される政府の同和対策を検討するなかで、自民党総務局長であった奥野誠亮が「革新自治体を推進する革新共闘を阻止し、これを支える社会党・共産党の共闘を分断・破壊する」意図をもってその立法化を押しすすめたことを指摘し、「それは革新統一の背景をなす労働者や市民のもりあがる要求を分断し、沈静化させる高等戦術であった」と結論づけている。ひるがえって兵庫県知事選挙の実際をみると、兵庫でも一九七〇年代前半には革新共闘が実現し、一九七〇年選挙では自民・民社両党推薦候補（坂井時忠）の八五万余票に対して、社会・共産両党推薦候補（伊賀定盛）が六〇万余票をとり健闘していた。投票日直前に朝来事件などが起こった一九七四年選挙は、初めて公明党単独推薦の候補が出馬する一方、注目を集めたのがやはり自民党推薦・民社党県議団支持の現職候補（坂井）対社共両党推薦候補（一谷定之丞《さだのじょう》）のたたかいであった。にもかかわらず、結果は、現職の八四万余票に対して革新側が五九万余票、革新側の完敗であった。一谷候補の得票は、社共両党が一九七二年末の総選挙で獲得した合計得票数に遠く及ばなかったのである。選挙戦は「三つどもえ」と報じられながら、投票率は四八％の低率にとどまった。またこれ以後は、革新共闘の成立自体が難しくなる（兵庫県史編纂委員会二〇一三）。

ちなみに一九七三年神戸市長選挙では、自民党推薦候補（砂田重民）に対し、一谷の大学の同窓生である現職宮崎辰雄候補が全野党の推薦（共産党が新たに加わり自民党が抜ける）を受けて勝利し、神戸も革新自治体に変わっていた。一九七七年の市長選挙以後になると、宮崎市政はオール与党体制に転じる。

こうした政治的対抗をめぐる研究を多面的実証的にすすめるには、やはり大きな史料上の制約がある。しかし、兵庫県の以上のような事例に照らして、鈴木説は、丁寧に検証される必要があり、こうした研究課題に取り組む姿勢が持てないとすれば、八鹿高校事件の全体像はいつまでも見えてこないはずである。少なくとも、八鹿高校での凄惨な集団リンチが「警察の不介入を前提に」計画されたのかどうか、またそれが「知事選での現職派の勝利を確認した後」という、時機を考慮して実行されたものなのかどうか、こうした素朴かつ重大な疑問には誠実に向き合う姿勢が研究者には求められる。

第二部　「地域民主主義」の底流と八鹿高校事件

―教師集団・生徒集団を中心に―

一　八鹿高校事件の全体像と本書の課題

Ａ　事件の全体像の追究

部落問題と部落解放運動の歴史を考えるにあたって、いわゆる「部落史」の方法的枠組みにとらわれ、解放運動対政府施策という単純な図式を思い描くことはやめるべきである。

部落問題解決過程の歴史研究は、そうした図式を乗り越えた研究成果をすでに公にしてきた。なかでも、高度経済成長期に政府・独占側が「もっとも問題にしたのは資本主義の構造変化と、これにともなう民主主義運動の発展に対処する、全社会的な規模での福祉対策、社会保障体制の構築」であり（鈴木良二〇一〇ａ）、自民党内には同和施策を革新統一分断と社会運動の鎮静化に利用しようとする潮流が存在した（鈴木良二〇一〇ｂ）とする鈴木良の研究や、戦後日本の民主主義運動の成長過程をアメリカの世界戦略との関係で分析し、世界史のなかに位置づけた佐々木隆爾の研究（佐々木隆爾二〇一〇）、八鹿高校事件を前後する時期の、国民融合論の形成とその理論的前進を論証した広川禎秀の研究（広川禎秀二〇一〇）は重要で、これらの成果は今後の歴史研究発展の礎石となる。

八鹿高校事件の学問的な歴史研究に関する本書第一部の提起は、こうした研究潮流を踏まえ、事件の全体像の追究と、次の諸点の実証分析の必要性を述べている。

①警察や、県―各町の同和行政・教育行政が、具体的にどういうかたちで、組織としてリンチ事件の構成要素になっているのかということ。

②学校・区（大字＝部落）単位の住民組織が、高度成長と過疎化のなかで変質（弛緩）しながら、なお機能し、住民はその組織を通じて部落解放同盟（以下、解同）の糾弾会に動員された。動員は具体的にどのようにすすめられたかということ。これは、近代に前近代的身分遺制が引き継がれる構造的要因であった純農村部の地域支配構造が、高度成長期にどのような局面・態様にあったか、という研究課題と結びついている。

③「事件は自民党政府―保守県政が意図して仕組んだものでないにしても、その掌のなかで起きた」。但馬各町が低開発地域指定・過疎地指定を受け、保守政権の開発政策と補助金に依存するなかで、事件が当時の政治的ないし政策的次元の対抗とどう関わっていたのかということ。

そもそも、本書第一部の事実認定でスタート地点にした日弁連『八鹿高校事件等調査報告書』（一九八三年一月）は、朝来事件被害者・橋本哲朗と兵高教組委員長・吉富健二、および八鹿高校事件被害教員三六名の人権救済の申立を受けて成立したもので、その被申立人の多くが（一四名中の一〇名）、県教委幹部・校長・教頭・県警本部長・警察署長・町長など公権力の一端を担う者たちであったという事実は、きわめて重い。またこの時期、解同の暴力的脅迫的な運動・糾弾会が「公認」のものであったことを示す史料も枚挙にいとまがない。

事件当時、警察庁警備局警備課長であった佐々《さっさ》淳行は、「昭和49年11月18日に来日したフォード米国大統領を22日大阪で見送って、東京に戻ったとき、共産党の林百郎、松本善明、正森成二各氏といった、当時の共産党衆議院議員の面々が手ぐすねひいて」彼を待ちうけ、八鹿高校事件での警察の対応を厳しく批判した事実を次のように回想している（佐々敦行二〇〇九）。

私は、日本共産党員といえども日本国民。不法行為は断固取締るべし。犯人らは特定できている（11名）から、丁度フォード訪日警備でまだ解散せずにいた５５００人の全国管機を京都から

> 兵庫に転進させ、勝田俊男兵庫県警本部長の指揮下に入れ、本庁警備局より渡辺善門警備調査官を派遣して、あさま山荘事件の際に後藤田［正晴］長官がやったような警察庁長官の間接指揮で、速やかに無警察状態を排除せよ［中略］と強硬に主張した。兵庫県と警察庁上層部は、キレイに、真二つに意見がわかれた。不介入方針のハト派は、〝ハブとマングースの闘い〟（これはハト派幹部が実際に使った表現。要するに放っておけば互いに〝自壊〟するではないかという傍観派。後日、オウム事件でこれが再発する）とみた。警察庁浅沼［清太郎］長官、国《國》島文彦刑《警》務局長、警視庁三井公安部長、勝田兵庫県警本部長たちだった。私の断固無警察状態排除の方針を支持するのは、坂井時忠兵庫県知事、山口廣司副知事（二人とも旧内務省）、高橋幹夫前警察庁長官（すでに退官していたが、たびたび口をだしてきていた）、山本鎮彦警備局長、土田國保警察庁次長だった。［中略］結局高橋前長官の決断で、土田局長が長官室に集う大幹部の目の前で勝田兵庫県警本部長に、烈しい口調で長官指示を伝え、そして５５００名の〝青ヘル〟全国管区機動隊が転進、投入された。
>
> ※引用文中の［ ］は大森による補記。以下、同様。

これは自慢話であり、坂井知事らの評価にも腑《ふ》に落ちないところがあるが、この回想は、「無警察状態」をつくっていたのが警察自身であること、また「兵庫県と警察庁上層部」の間では当然リアルタイムで意見交換ができていたことなどを、元警察庁幹部が認めた一文といえる。

そして事件当日、八鹿高校差別教育糾弾闘争共闘会議本部のあった八鹿町役場に、県教委幹部・各町長らとともに詰めていたばかりか、知事選告示後、朝来町で橋本宅包囲事件が起こったときも南但馬に来ていた副知事・山口廣司が、島根県特高課長・国警本部警備係長・内閣調査室調査官・兵庫県警備部長・北海道警備部長・防衛庁陸上幕僚監部第二部別室長（実態は陸幕でなく内閣調査室と直結していた諜報組織の初代室長）・三重県警本部長・大阪府警警備部長・警察庁警備部長等を歴任し、公安警察一筋に歩んできた元内務官僚であったということは紛れもない事実である（小谷賢二〇二二・柳河瀬精二〇〇五）。山口がこれらの事件で何を指示しどう動いたかを知りうる史料は公になっていないが、この事実関係自体が大変由々しいのである。元特高である山口を副知事に引っぱった坂井時忠自身が元特高で、さらに遡《さかのぼ》れば、坂井を自分の後継者として副知事に迎えた元兵庫県知事・金井元彦が元特高であることも大変重い事実である（森田修一二〇〇三）。

B　警察・刑事裁判の描く事件の構図

1　「非常に奇妙な捜査」

八鹿高校事件捜査には「異常な捜査段階、異質な捜査段階」というべきものがあった。被害者弁護団メンバーであった山内康男弁護士はいう（座談会一九八三）。

［事件当日］生徒［中略］の泣きながらの訴えさえはねのけて何もしなかった警察が、終わったとたんに翌日になって被害者の所へ行って、まだ被害の程度も精密検査の結果もまだでてないうちからどんどんやり始めて、逆に刑事事件として告訴させない方向にもっていくような取り調べみたいなことをやる。［中略］被害の状況を聴くというより、逆に先生方が集団で下校したことをとらえて、それが地方公務員法違反である、［中略］いかにも先生方の行為が違法であったという印象を与えるような方向で捜査が進められ［中略］被疑者［＝警察］が暴力事件の被疑者

と一体になって被害者の取り調べにあたるような感じで［中略］最初の「橋本事件」の段階までは県警本部長などに告訴はしていたはずですけども、「八鹿」の段階では、警察自体が被疑者なんだから、警察に告訴して調べてもらうわけにはいかん。そして神戸地方検察庁あてに告訴した、［中略］ところが現実には検察庁だけでは手が足りないから［中略］警察にも下請けで調べささないかんというかたちで、非常に奇妙な捜査が進行した。

2　警察による記録と「公的な歴史」

『警察白書・昭和五〇年版』の本文中に、事件あるいは部落解放運動関連の記述は皆無だが、巻末の「昭和49年中の主なできごと」欄に五〇字程度の記述が認められる。

11月22日　養父郡「八鹿高校」において部落解放同盟による集団暴力事件発生。事後（12・31までに）11人を監禁等で検挙（兵庫）。

これが全文である（警察庁一九七五）。ちなみに兵庫県警の「白書」的刊行物『兵庫県警察執務資料』（『兵庫県警察年鑑』を改題）は一九七四年度版以降部外秘扱いとなっている。また正史ともいうべき『兵庫県警察史』に事件内容に触れた記述はない（兵庫県警察史編さん委員会一九九九）(10)。ないこと自体に意味があるというべきなのであろう。これ以前に編纂された三〇周年記念誌では、巻末の「兵庫県警察三〇年の主な出来事」欄で事件の概要を説明しているが、『警察白書』同様、そこにあるのは警察・行政の事件への関与はなかったかのような「作文」である。以下が全文（兵庫県警察三〇周年記念誌編集委員会一九八五）である。

●八鹿高校事件（11・22）八鹿署

南但馬では昭和48年7月、部落解放同盟兵庫県連南但馬支部連絡協議会（以下、「解同南但支連協」という。）を結成し、各町で差別への確認会、糾弾会が相次いだ。これに対し、北但馬の被差別部落の有志では、解同南但支連協の方針及び行動はかえって部落差別を助長するものとして、昭和49年8月部落解放統一刷新有志連合をつくり、兵教組朝来支部等の支援を得て、南但地区の住民にビラ配布等による活発な宣伝活動を推進した。このため双方の対立は激化し、昭和49年9月9日解同南但支連協構成員による兵教組朝来支部長に対する監禁事件が発生し、同年11月22日までの間に南但各地において逮捕監禁、傷害等一連の事件が発生した。／なかでも、八鹿高校では部落解放研究会の設置を承認した校長に対し、教職員の抗議行動が激化し、解放同盟側は11月18日八鹿高校教育正常化共闘会議を結成し、11月20日八鹿高校差別教育糾弾共闘会議と改称、同校内に現地闘争本部を設け、同構成員による教諭糾弾を推進していた。同校教諭らは11月18日以降、集団でスクラムを組むなどして登下校を行い、これに対抗していたが、11月22日集団で下校中、同校近くの路上に座り込んだ同校教諭らに対し、共闘会議構成員多数で暴行を加え、更に八鹿高校内に連行し、体育館や会議室などに分散監禁したうえ暴行を加え、路上や校内での一連の暴行によって46人に1週間から2カ月の傷害を与えたものである。

3　裁判・判決を免れた警察と行政

まず刑事裁判では、県教委幹部・校長・教頭・県警幹部らがすべて起訴を免れた。民事裁判（国賠訴訟と片山正敏・橘謙両教諭処分取消請求訴訟）では、一九八三年三月、被告兵庫県が裁判所の和解勧告に応じ、事件への加担の責任を認めて全原告に賠償金を支払い、両教諭への処分も撤回した。しかしそうすることで、県はさらなる審理により県教委・警察の醜態が法廷で暴露されることや、判決によっておおやけに断罪されることを回避することができた。要するに、敗訴したのは解同のみである。さらにこれらに並行して、事件当時の八鹿・朝来・養父三町長を相手取った、公金不正支出の返還を求める住民訴訟（一九八七年八月判決）もたたかわれたが、ここで敗訴したのは三町長であり、警察や県ではない（兵庫県人権共闘一九九六）。

こうして、事件を部落問題をめぐる「解同対反解同・共産党」の確執の激化形態として描く「公的な歴史」は広く流通した。本書第一部で概観したとおり、但馬の各自治体史やいわゆる「部落史」の叙述はこれに歩調をそろえたかのような状況が続く。

そのなかで、こうした状況を根本的に批判し、事件の全体像解明を追求してきた鈴木良の歴史研究（鈴木良二〇〇七）はきわめて重要である。本書第一部の論点は、この鈴木の問題意識と方法を引き継いだものである。とはいえ、上述A節の①③の研究課題へ進むには、さしあたり警察関係史料や行政内部史料の収集・閲覧が難しいという壁もある。よって第二部は、第一部に記した課題の解明にはそのまま進まず、学校現場で民主的に組織されてきた集団（自治形成者としての生徒集団を含む視点が重要）が、そもそも地域をどう考え、暴力的支配に抗する民主的な地域力の形成にどう関わったかをみていくという、別の方法的視点による分析を試み、別のかたちで事件に迫ろうとするものである。

示唆を得たのは、「新自由主義」の時代を乗り越えるべく、佐々木隆爾が戦後社会運動の特質を論じたときの提起である。佐々木は、「生存権の実現を旨とする福祉国家をめざした時代」が戦後現につくり出されてきたことの意義を説き、それを底辺から支えた「民主主義的地域力」の形成を中長期の歴史過程として分析する方法を提起していた。これによれば、戦後改革で生まれた組織のうち、「とくに教員組合は全国津々浦々の小学校・分教場に勤務する教職員を包括し、国民の意識を変革するのに大きく貢献し」、「人間の平等と、人格尊重の意識の定着に大きな役割を果たし」た。そして

「『勤評闘争』以後の運動が『地域共闘』の伝統を根づかせ、必要に応じて地域住民が結束する習慣を生み出し」、「やがて各地に『革新自治体』を生み出す『民主主義的地域力』」の芽吹きにつながった（佐々木隆爾二〇〇九）、という。

本書では、特に高校現場と地域とのつながりを分析の俎上にのせるため、教師集団だけでなく生徒集団の自治的形成にも視野を広げ、地域民主主義の底流と事件との関係に焦点を合わせてみたい。

なお、「地域民主主義」という言葉は、こんにち歴史研究を含むさまざまな分野で用いられる学術用語である。本書ではこれを、間接民主制を基本とする国政レベル、政治レベルの民主制に対して、地域レベルの、より直接的で自治的共同的な社会関係、一定の完結性（まとまり）をもった日常社会生活の土俵となるコミュニティにおける民主主義のあり様を表現する言葉として用いる。

C　本書の課題

事件の複雑な構図・性格を読み解くうえで、①戦後の但馬地域のなかにおいて八鹿高校がどのような位置にあり、②教職員組合運動と高校生自治会、教師集団と生徒集団は相互に、あるいは地域との関係でどのような役割を演じてきたかをまず明らかにする。そして、③それらが事件後における地域民主主義の展開とどのような関係にあり、地域にはどのような胎動がみられるかについて検討する。

二　八鹿高校と但馬地域

A　兵庫県立八鹿高等学校の歴史（11）

同校の前身、兵庫県簡易蚕業学校は一八九七年創立、一九〇一年には実業学校令に基づく兵庫県立蚕業学校となって、長野県甲種小県《ちいさがた》蚕業学校・福島県立蚕業学校と並び、製糸会社への繭《まゆ》供給地を代表する「天下の三蚕業学校」の一つに数え上げられる存在となった。養蚕教師や農業技手など「地域にのこって、農蚕業に従事する者」を養成する学校であり、世間では旧制中学校（但馬では豊岡中学校）より一段下にみられる一方で、「蚕業開発のパイオニア」を養成する学校として県外からも生徒を集め女子部もつくられた。同校への進学は「勉強ができ、家庭が裕福であるということ」を示すものになったという。「桑の葉」をデザインした現八鹿高校の校章は、この校史に因《ちな》む。

戦後の一九四八年、蚕業学校は農蚕高校＝新制高校に変わるが、翌一九四九年の学区制定時に、男女共学・総合制（普通科・蚕業科・農業科・農村家庭科の四科併置）の高校、普通科を中心とする八鹿高校に改組・改名され、学校の性格は大きく変わった。学区は、職業科の三つが但馬全域の中学区ないし県全域の大学区、普通科が養父郡と山東町（朝来郡）・村岡町（美方郡）の小学区と決まった。定時制課程もあり、八鹿の本校以外に五ヵ所（山口＝朝来・和田山・大屋・村岡・兎塚《うづか》）に分校が設置されたが、これら分校は高度成長期に順次全日制の独立校となるか、閉校されるかして、事件の起きた一九七四年時点で残っていたのは大屋分校と朝来分校のみである。大屋分校は地元の強い要望で、当時すでに全日制普通科へ移行していたし（兵庫県立八鹿高等学校大屋校二〇一〇）、朝来分校は全日制農業科になっていた。南但馬の全日制独立校の多くが八鹿高校を母体に生まれるが、これは同地域での高校進学率の急上昇、さらには大学進学率の上昇と強い関連性をもっている。

しかし戦後は、まず化学繊維の普及や中国産等の安価な生糸の台頭があり、また高度成長期に入ると和装需要が減退して、繭生産も製糸業も頭打ちとなった。一九五〇年代末〜一九六〇年代初頭の、国の助成に関わる但馬の農村・農業関連事業においては、共同桑園や稚蚕《ちさん》・壮蚕用共同飼育場建設といった養蚕関連の試みがまだみられる一方、畜産の奨励が始まる（和田山町史編纂委員一九七三、八鹿町一九七七）。先行き不透明ななかで八鹿高校の蚕業科は廃止され、一九五九年度以後、職業科の構成が畜産科・農業科・農村家庭科（一九六三年度から生活科に改称）に変わった。蚕業科の廃止は全国的な動きだが、地域経済の変転に少し先がけて八鹿高校の性格はさらに変わった。

この間の校内の様子。「田路《とうじ》順子一九七七」によれば、草創期の八鹿高校は、「普通科と農業科の対立もなく、中農以上の子弟が学ぶ、活発で蛮カラな農業科の生徒と、旧制豊岡中学出身の多い普通科の生徒とが、実にうまく調和して」いる学校であった。一九五〇年代半ばには、「一学年につき、蚕業科一クラス、農業科二クラス、家庭科一クラス、定時制クラスと普通科五クラスの一〇クラス」があり、普通科については「五クラス中二クラスが、男女混合の進学ホーム、のこり三クラスのうち一クラスが、主に自営する者を対象にした男女混合の就職ホーム、あとの二クラスが男女別の就職ホーム」という編成になっていた。教える内容には一定の「格差」があり、「就職ホームの生徒がクラブ活動をしている時間に進学ホームの生徒が補習授業をうけるなどのことで、生徒同志《士》が反発し合うこともあった」。とはいえ、勤評闘争前後の八鹿高校は、若い教師たちを中心とする職場民主化への取り組みと、生徒の集団的自主活動の展開とが結びつく、新たな可能性の芽を育んでいた（後述）ともいう。

ベビーブーム世代が新制中学を卒業する一九六〇年代を迎えて、兵庫県でも中卒者の急増急減（1960年の6万9227人→ピーク時1964年の10万0162人→1967年の7万4293人）が見られるなか、高校進学率（１９６０年の65・１％→１９６５年の74・９％→１９７０年の87・３％→１９７６年の95・２％）は、一九七〇年代半ばに上げ止まるまで年々歳々一直線に増加した。その最中の一九六四年には普通科の学区制が全県的に改編された。南但を含め県下に二六あった小学区はすべて中学区に統合されたのである（過疎化のすすむ南但では小学区制的な「連携校方式」への修正を要望、連携校外からの合格者を五％等に制限する方式を一九七一年から実施）。

新制公立高校における小学区制は、本来通学区内の進学希望者を全員入学させるという枠組みに対応した原則であったが（木村元二〇一五）、中学区制は「入試改革」と学校間格差拡大の新しい土俵となった。新しい高校進学の枠組みは、「希望者全入」を否定し「適格者選抜」体制へと転換した。こうした流れのなかで、文部省が学力検査のみによる選抜方式の変更を各県教委に求めたのが一九六六年である。これを受けた兵庫県教委は、一九六八年度入試から「兵庫方式」と称する新選抜法を鳴り物入りで実施する。これは中学の内申書＝「調査書こそ判定の主資料」とする方式で、マスコミなどの反響（「高校入試に学科全廃」「入試革命」）には驚きとともに肯定的なニュアンスがあったが（兵庫県教育委員会事務局広報委員会一九八八、兵庫県教育史編集委員会一九九九）、兵庫高教組は、中学区制の枠組みのなかで内申成績による「輪切り」進路指導（**表1**参照）を蔓延させて多数生徒の希望・意欲をくじき、高校間格差・学科間格差を拡大する差別的選抜方式だとしてこれを批判、高校全入運動や総合選抜制度実現の運動をすすめることになる（兵高教組三〇年史編集委員会一九八二）。

八鹿高校は「普通科進学実績」において南但での最上位校となった（但馬には「進学校」と呼ばれる私学もなかった）。卒業生の進路状況の変化がそのことをよく表している（**表2**参照）。また、保護者の職業構成の変化（**表3**参照）は、高度成長期の地域社会の激変を反映するとともに、生徒の大学志向の強まりとも連関する。しかし、一九六〇年代には教師集団による集団主義的生活指導が根づ

表１　兵庫県・公立全日制高校への進学希望者数と受験者数（1969～1971年度）

	学校名	学科名	定員	1969年度入試		1970年度入試		新定員	1971年度入試	
				希望者	受験者	希望者	受験者		希望者	受験者
南但	県立村岡	普通	135	183	140	161	135	135	180	138
	県立八鹿	普通	270	383	270	385	273	315	406	315
		農業	40	48	43	35	40	40	36	46
		生活	40	54	42	60	40	40	45	41
		畜産	40	36	55	16	41	40	10	43
	（八鹿）大屋分校	普通	90	105	92	102	94	90	106	92
	（八鹿）朝来分校	農業	40	25	65	23	39	40	28	49
	県立生野	普通	315	350	334	339	318	315	346	325
	県立和田山商業	商業	225	252	233	265	257	225	285	238
北但	県立豊岡	普通	360	521	381	484	358	405	531	398
	県立日高	家政	90	107	91	117	91	90	111	88
		衛生看護	80	97	80	89	94	80	77	76
	県立香住	普通	180	219	180	241	185	180	198	181
		漁業	40	14	43	33	48	40	33	36
		水産製造	40	28	38	21	43	40	17	40
	県立出石	普通	225	234	234	234	234	225	247	225
	県立浜坂	普通	135	184	139	177	140	135	212	136
		商業	90	90	90	128	96	90	148	110
	（浜坂）美方分校	普通	45	24	54	51	49	45	30	50
	（浜坂）温泉分校	普通	45	26	59	50	56	45	21	51
	県立豊岡実業	商業	135	229	137	228	136	135	246	137
		土木	40	49	40	38	43	40	34	41
		建築	40	88	43	81	48	40	71	40
		電気	80	105	78	110	84	80	113	80
		機械	80	147	81	127	87	80	127	81
	県立豊岡農業	農業	40	61	47	48	48	40	48	42
		生活	80	75	78	126	82	80	77	80
		食品加工	40	36	41	23	52	40	32	41

出典：『神戸新聞』1969年11月23日、同1970年11月22日、同1971年11月21日 。
「希望者」欄は前年10月1日時点の希望者数。「受験者」欄は各年3月時点の実際の受験者数。各年度とも、受験者数を定員に近づける「輪切り」指導のあとが確認できる。

表2 八鹿高校・全日制本校卒業生の進路状況（普通科＋職業科の合計数:1963～1974年度）

卒業年度	卒業生	就職者	内、自家自営	進学者	その他	(普通科在籍)	備　考
1963	451	293	32	128	30	(325)	
1964	488	299	37	154	35	(342)	いわゆる「団塊世代」
1965	616	377	52	201	38	(464)	〃
1966	625	384	46	200	41	(469)	〃
1967	561	269	28	228	64	(415)	〃
1968	471	248	28	165	58	(354)	
1969	408	180	11	169	59	(290)	
1970	388	138	13	196	54	(269)	「兵庫方式」の入学者
1971	385	117	11	201	67	(268)	
1972	385	115	6	202	68	(267)	
1973	428	102	9	263	63	(315)	オイル・ショック
1974	425	102	4	222	101	(313)	八鹿高校事件

出典：兵庫県立八鹿高等学校『学校要覧』各年度版。「進学者」の数は大学・短大・その他の学校への進学者の合計で、1960年代の進学者はほとんど普通科と思われる。「その他」には大学浪人が含まれる。

表3　八鹿高校生の保護者の職業構成（単位％）

年度	1956	1963	1964	1965	1966	1967	1968	1969	1970	1971	1972	1973
農林業	59.5	52.0	51.3	49.2	46.9	45.8	44.5	45.1	43.0	39.2	36.0	33.7
鉱工業	2.7	6.1	6.6	6.5	6.1	7.4	8.4	7.3	7.0	7.8	9.6	8.2
商業	11.8	10.8	10.8	10.9	9.9	9.3	9.9	9.6	9.1	9.5	9.7	9.6
公務員	14.2	11.3	12.1	11.8	13.2	14.5	14.2	15.7	15.3	17.6	17.0	18.3
教員	－	4.0	3.6	3.7	4.4	4.9	5.2	4.6	5.9	5.7	6.3	7.5
会社員	6.0	10.3	9.7	11.2	11.3	11.4	11.3	12.0	14.9	15.8	16.7	19.1
その他	5.8	5.4	5.9	6.6	7.1	6.7	6.5	5.6	4.8	4.5	4.7	3.6

出典：兵庫県立八鹿高等学校『学校要覧』各年度版。1956年度の「公務員」には「教員」が含まれる。

くなか、さまざまな葛藤を抱えつつも生徒らの自治的集団形成がすすんだといわれる。その内実については後述するが、「田路順子一九七七」は、その葛藤・矛盾を抱えた「八鹿の自治」をこう表現している。

一九七〇年代の八鹿は、とりわけ、農業課程の生徒の学力をどう高めていくのか、という問題を、課題としてもちつづけている。今［一九七五］年度入学時の数学のテストで「2／3＋1／2」のとけない生徒が、農業科一クラス四〇人中二〇人もいたというショッキングな事実からわかるように、すでに小学四年の段階でとりのこされたままの青年達に、八鹿の教育がどう応えていくのか、それは、八鹿を知る人々の最も大きな関心事の一つともなっている。また、この問題とからんで、兵庫方式の「おとし子」と「えりぬき」、職業科と普通科の同居は、生徒同志《士》の連帯を、いつでも危険にさらしている。／しかし、そういった矛盾は、八鹿の歴史を前進させる原動力に転嫁《化》させることのできる性質のものであるし、現に八鹿は、戦後の歴史の中で、それをばねにして、自らの教育活動を前進させてきた。

B　教師集団と生徒集団の形成史

1　暴力的支配に抗する「最後の拠点」

一九七三年五月に解同兵庫県連が結成されて部落排外主義的な闘争方針が採用され、それを但馬に持ち込む解同南但地区支部連絡協議会が同年七月に結成されて以後、支部づくり、同青年部づくりがすすみ、西宮事件で暴力的糾弾の手法を学んだ丸尾良昭らが青年行動隊を組織したのが同年一〇月であった。青年行動隊が中高生を解放研に引き込み、既存の区長が解同支部長を務める地域・隣保組織による動員も行いながら但馬の小中高各校や町役場などでの確認会・糾弾会が拡大していく。一一月六日の朝来中学校確認会、一二月四日の和田山町行政確認会、同一三日の山東町行政確認会などに始まり、一九七四年に入ると、一月に山田久差別文書事件（八鹿高校卒業生が父親の手紙を告発）、さらに二月には女子高生自殺事件が起こり、青年行動隊の動きはしだいに熱気を帯びた。当時の青年行動隊員・前田吉幸の回想よれば、「行動隊は各支部青年部の中から、まあピックアップされ」、つまり「本人が希望して、［安井義隆隊長らに］認められたものが」加入するわけだが、隊員数は当初一五〜一六人であったものが、「毎日どっかで確認会や糾弾会をやる状況になって」人数が必要となり、五〇人ほどに「水脹れ」する恰好になった（田宮武一九八六a）。

一九七四年度に入ると、八鹿高校内でも解放研設置を求める生徒の動きが顕在化し、教師側の対応（話し合いの継続）が始まるなか、六月には解同南但支部連協と但馬文教府長・上田平雄（元八鹿高校教諭）が企画した「部落解放に立ち上がる高校生の一泊研修会」が実施され、職員会議での不参加決定にもかかわらず、教頭と一部部落出身生徒が参加、さらに県教委の職務命令を受けた珍坂邦巖校長は「職員会議決定に従う」約束を反古にし、七月には「解放研をつくる」ことを表明して部室も提供した。

この七月、地域では兵教組朝来支部企画の北原泰作講演会をめぐり解同への批判を強めた部落有志が、日高町（八鹿町に隣接）の部落区長・植田友蔵(12)らを中心に「部落解放運動の統一と刷新をはかる但馬有志連合」を結成した。解同の暴力的運動に対する批判が部落内から現れたことで、衆人環視、警官現認のなかで解同・青年行動隊側の暴力行為は白昼公然化し、刑事告訴事件となる九月の元津事件、一〇月の橋本哲朗兵教組朝来支部長宅包囲事件等々が生起して、一一月二二日の八鹿高校事件にいたる。先の青年行動隊員はこう述べている（田宮武一九八六ａ）。

元津闘争までは比較的共闘組織というのはなかったんですけど、橋本糾弾闘争になってから、正式に生野町共闘本部とか朝来町共闘本部とかいうもんができたんです。［中略］今度の朝来闘争［＝橋本宅包囲］の場合は、朝来町長以下各区の自治組織があるんですけど、そこなんかを通じて動員体制をしいたり、炊き出しをしたりいう大勢《ママ》がとられましたから、本格的な共闘会議がその時からできました。［中略］泣く子も黙る解放同盟という感じでしたからね。［中略］橋本糾弾闘争は解放同盟としては一〇〇％といってよいほど勝利したと思うんですわ。［中略］何十団体という共闘団体ができて、ついに橋本支部長の（兵教組）朝来支部からも糾弾されるまでに持っていったということで、みんな勝利に酔うたいう感じでね。［中略］最後の拠点というたらいいかな。但馬の各学校で解放研ができとるんですから、一応顧問つけて解放同盟と連帯するという一札を入れたりしとりますので、だから残るは八鹿高校だけという感じで、次はおそらく来るだろうと［八鹿高校教員側も］予測して準備しとったんじゃないかと思うんですけどね。

この証言は、解同・青年行動隊側自身が八鹿高校に対しては「相当準備してかかった」ということを逆に裏づけていると同時に、橋本宅包囲事件の段階で、彼らがついに「地域支配の勝利者」となった、あるいはなりつつあると確信したことを表している。

実際、教職員組合としては但馬最大の組織をもつ八鹿高校が解同・青年行動隊側の「目標」に据えられたことで、南但各高校関係者の危機感、「次はウチではないか」という恐怖心はかき立てられた。以下は、八鹿高校大屋分校の様子を同校教師が記録をもとにまとめたもの（河浪繁一九七五）である。

11月19日、［大屋］町同対室より分校長に次の点について通告があった。その内容の概要は、

①八鹿は非常事態に直面している。②大屋は八鹿（本校）と同体質とみる。体質の改善せんといかん。③現在のままでは大屋分校も八鹿のような事態になる可能性が強い。［中略］④［分校］生徒が解放研の設置を要求しているのに、なぜ作らんのか―というものであった。

11月20日、八鹿町役場に闘争本部を設置（八鹿高校の攻撃の拠点である）。大屋町役場に副闘争本部を設置（副闘争本部は大屋分校を攻撃する拠点である）ということであった。［中略］

11月21日、大屋地区労より議長、副議長来校。分会としていろいろ話し合ったが［中略］平行線で終る。「次は大屋か香住だ」というニュースが流れる。［中略］

11月22日（木《金》）午前中、育友会より会長他2名、学校より2名が町同対室に本校の実情説明に行ったが、同対室は、次のような見解をくりかえすのみであった。（一）大屋分校は八鹿高本校と同体質である。［中略］㋑解放研がないのは但馬で八鹿、大屋、香住三校だけだ。生徒が解放研の設置を要求しているのになぜみとめんのか。［中略］「口で云ってもわかってもらえんのなら、わかる手だてを取らねばならない。［中略］」と重大な発言までしている。［中略］本校ではまだ暴力的糾弾が行なわれていた午後6時より、分校の職員会、育友会合同会議が緊急にもたれ、真剣な討議を重ねた。［中略］職員のみでもっと話し合いを煮つめようということになり、職員会議を開催した。［中略］一人づ《ず》つ発言していった。足の骨を折られるぐらいまでだったらよいという先生もいたし、自分は命だけあればよい、命だけは困るという人もいた。概して一発なぐられるぐらいまでだったらよいと云う先生が大多数であった。みんな声がふるえている。「自分はこわいんです。本当にこわいんです」と、告白するように云う先生もいた。

本書では、八鹿高校の教師集団と生徒集団がこうした暴力的支配に抗する「最後の拠点」といわれるような学校をどのようにつくってきたのかを、戦後史をさかのぼってみてみたい。

2　一九五〇年代―民主化への胎動と模索

一九四六年一二月に生まれた但馬の中等学校教職員組合に、農蚕学校（八鹿高校の前身）教員は若干遅れて参加したようだが、各校組合組織は一九五二年の兵庫高教組結成で高教組但馬支部傘下の分会となった。一九五〇年代前半、八鹿高校分会では「普通科併設とともに民間から入ってきた若手の教師を先頭に」校務運営規定の民主化に取り組み、教頭(13)や分掌長の公選制を定め、職員会議を最高議決機関と規定する内規を実現した。この内規が後には「八鹿憲法」と呼ばれ、民主化運動は「八鹿のルネッサンス」と称された（若林正昭一九七五、田路順子一九七七、兵高教組但馬支部教文委員会一九七七）。

八鹿高校には一九五〇年四月に着任し（数学科）、のち勤評闘争では高教組幹部として免職処分（裁判闘争を経て一九七五年に和解・復職）を受け、八鹿高校事件当時は本部書記長であった西岡幸利は、一九五〇年代前半の八鹿時代の活動を振り返って次のように語っている（西岡幸利一九八九）。

当時、総評・高野実事務局長が唱えていた「町ぐるみ闘争」を実践しようと、村の青年たちに話しかけ「村おこし運動」として八鹿高校農業科の技能や知識を村に持って入り、夜は夜で、時事問題の「青年学級」を開くなど、青年教師はフル稼働していました。素人劇団をつくり村々を巡回する同僚もいました。

その青年教師の一人梅谷博貞は、戦前の農蚕学校農業科の卒業生。気象台の技官から一九五一年一〇月に八鹿高校教諭（数学・地学担当）へと転じた梅谷は、のちにユニークな地学の授業実践と集団主義的生活指導実践で名を馳《は》るが、この若い教師も政治的な「逆コース」の時代に地域へよく入り、但馬農村の民主化に腐心した。それをよく伝えるのが、西岡の勧めで出版したという著書『百姓家になぜ嫁がこぬか』である（梅谷博貞一九五九）。同書は梅谷が青年学級や婦人会で話した内容がもとになっており、「農村の嫁不足」＝結婚難を論じた、本邦初の著作との評価もある（安藤純子二〇〇九）。梅谷が担任した農業科生は、「村をかえる」というテーマでHR（ホームルーム）討論した経験をもち、卒業後にそれをいかそうとして梅谷に応援を依頼したという。それが梅谷の地域活動のきっかけになった。のちの回想によれば、「この頃の農業科の生徒は、かなり学力もあったが家の後を継ぐ必要から農業科に進級」した者も多かった（梅谷博貞一九九二）。梅谷の講話は、結婚難を入口に、娯楽、家族、個と自由、子育て、家事、農事、家柄、部落差別、学歴、自衛隊、健康保険、電気器具など多方面に及び、村社会の課題をやさしい言葉で具体的に論じるものになっている。「田路順子一九七七」は、教育二法（一九五四年成立）反対運動をすすめた高教組八鹿分会の教師たちが地域へも積極的に入り、そうした「教師のなかには話上手なものがいて、かなりの反響があった」と記す。

校内に目を転じると、一九五〇年代後半は勤評闘争の時期である。八鹿高校では、高教組木部の方針に従って一九五九年度の入試事務を返上・拒否するストライキ戦術がとられた（但馬では香住・出石・浜坂各校も同様）。ストは全員一致制にせよとの意見が職場内にあり、結局学力検査当日のストは回避される。とはいえ、組合員たちは自らの職場と教育活動を再点検しその課題を議論していくという「学校白書」づくりの運動や、地域での父母との学習会に取り組むなどさまざまな試みを行った。

そしてこの時期は、八鹿高校独得の生活指導スタイルが生み出されていく時期と重なっている。その中心となったのが、梅谷ら中堅・若手の組合員であった。一九五八年、オンチコーラス「カラス」(14)と称する「うたごえ」サークルが、梅谷担任の普通科クラスを中心に誕生し、それがさらに

「話し合い」＝交流や「生徒自治会の民主化」を追求する「若草」グループ（最大時の会員二〇〇名）を生み、キャンプや気象・天体観測を軸とする野外活動、あるいは一泊二日の指導者講習会に始まるホームルーム活動と生徒自治会活動といった一連の様式をかたち作っていくことになった。八鹿高校の生徒自治会自体は戦後改革期に誕生したが（寮自治会も一九七〇年の寮廃止時点まで存在）、八鹿高校独得のスタイルが形成されるのは一九五〇年代末からである。ここで注目すべきことは、一九五八年以後、梅谷が神戸教育懇談会(15)に参加し、兵庫高校（長田区の全日制普通科、旧制神戸二中）の伴和夫、湊川高校（兵庫高校と敷地を共有する定時制普通科）の福地幸造、夢野台高校（長田区の全日制普通科、旧制神戸第二高女）の後藤隆一らと交わって生活指導に関する理論的実践的な研鑽《けんさん》を積み、小集団指導法に関するヒントを得、自らの活動に確信を深めたことである。

このうち、伴和夫は教育科学研究会・新英語教育研究会等の会員で、高教組の教研活動でも活躍する教師である。また伴は、のちの八鹿高校事件以後における但馬の教育運動・地域運動で重要な役割を果たすことになる森垣修（小学校教員、後述）とともに、兵庫の教育運動史研究において中心的役割を果たす人物で、八鹿・兵庫両校の生徒間交流にも貢献した。両校の交流キャンプ＝竹野キャンプは、一九五九年に初めて実施されており、伴のノートには、前年度教研での梅谷報告について次のようなメモが残されていた（田路順子一九七七）。

　梅谷「農村教師の実態」（但馬支部八鹿分会）／（夜間）―梅谷氏の八ミリフィルム映写に感動。―「ここにホンモノの教育あり」と。／〈「楽しいH・R、海岸キャンプの集団ゲーム、サイクリング」「農村青年、婦人団の結婚式簡素化運動」〉

また福地幸造は『部落教師』（一九六三年）・『落第生教室』（一九六四年）などの著作で知られる

ようになり、一九六八〜一九六九年の湊川事件＝「一斉糺弾」(16)をへて教師の「痴呆的認識」を徹底批判する「解放教育」の主張を強め、中村拡三・上田孝子（上田卓三の妻）らとともに解放教育研究会の中心的理論家・実践者となっていくが（横田三郎二〇〇二）、八鹿高校の生活指導実践には当初から批判的であった。

さて、「田路順子一九七七」が「この時期にはまだ、勤評を闘った教師集団の間に、教師の権利を獲得する職場闘争と、生徒の集団活動が統一的に把握しきれない弱さ」があったように感じられる、と評する事案が、一九五九年の「テキスト事件」である。HR指導のエキスパートとして八鹿高校へ転任してきて早々に、校務運営の中心となる公選の評議員会の制度化や生徒指導の核となる校務分掌＝学級指導部の創設を提案し、職員会議をリードしたという上田平雄に、教師集団は一目置いた（上田先生記念誌編集委員会一九八四）。そして、文部省のすすめる勤評や道徳教育に抗してHR用テキストを自主編成し（教師四三名が執筆）、それを生徒集団に与えたが、生徒自治会執行部や「若草」グループはこれを受け容れず、「先生達は文部省の押しつけの道徳教育に反対するといい乍ら、俺達に教師のものを押しつけようとするんだ」、「〇〇先生のこの文章は×××という本の論文の丸写しじゃないか」などと猛反発、緊急生徒大会を開いてテキスト返上を決議した。当時の自治会委員長は「俺は学歴が欲しくてきているんじゃない、実力がほしいだけなんだ」と述べるような、農業自営を志す職業科の生徒で、教師側はこの生徒を含む「先鋭分子を責めたて」生徒側の分断をはかった。結局「彼らは生徒大会の決定を守り通した」というが、「若草」グループはこのことで集まる機会を失い、運動もまもなく鎮火した。ただ、「生徒が教師にかこまれてどなられたことをしった若い教師たちは、純粋にいかりを感じ」ていたとされる。

ちなみに、その若手の代表格が前年度に着任した新米教師・片山正敏（社会科）である。片山はこのときの自治会委員長のクラス担任として「職員会議で徹底して彼を守った」というが、一五年後の八鹿高校事件では、片山が組合の中心的活動家＝「共産党」と目され瀕死の重傷を負う一方、上田（社会科）の方は教育長の意を体する但馬教育事務所長として教師たちの暴力的糾弾に与《くみ》する勢力のなかのキーパーソンになるという巡り合わせとなった(17)。これは、一九六九年に一旦但馬を離れ湊川高校の教頭になってからの、上田の教師としての変身がしからしめたとり合わせではあろう。とはいえ、あえていえば、八鹿高校事件の年、一九七四年四月に同校校長となる珍坂邦巌が、かつては「八鹿憲法」の原案作成委員会委員長であった（若林正昭一九七五）という皮肉なとり合わせにも思い至る。「田中暢一九七五」によれば、上田と同じ側に立って、八鹿高校教師集団を苦しめた八鹿町同和対策室の山田久治や、上田の前の但馬教育事務所長である西村勝八鹿町教育長らも、やはり八鹿高校の元教員であり元組合員であった。

話をもどせば、翌一九六〇年度には、「入学の日の学級集会」が新入生のクラス担任によって一斉に取り組まれた。「田路順子一九七七」によれば、それは「テキスト事件以後、教師の間に、集団づくりへの認識が広がっていったことを推測させるできごと」であった。

3　一九六〇年代に定着する「八鹿スタイル」

日教組・日高教合同の教研全国集会が実現するのが一九五九年度からである。この全国教研に毎年参加し報告を行っていたのが八鹿高校の教師で（一九五九年＝片山正敏、一九六〇年＝梅谷博貞、一九六一年＝上田平雄）、これは兵庫高教組のなかでも際立っている（兵高教組三〇年史編集委員会一九八五、若林正昭一九七五）。特に一九六一年の生活指導分科会で報告された八鹿高校の実践は、高校分散会の場で取り上げられ、「集団をとおしての生活指導から集団による生徒の自発的諸要求の実現へと転化していった好例」として、次のとおり全国レベルで高く評価された（日本教職員組合一九六二）。

［個人指導中心の生活指導スタイルから抜け出した八鹿高校の学級指導部は］ホームルーム運営委員会を組織するとともに、それとサークル活動とをむすびつけ、ホームルームにおける生徒たちの自主的集団活動の活動家を合宿研究会組織によって養成しようとした。合宿研究会は、サークル活動家、ホームルーム活動家を組織し、彼らにホームルームの自主的運営能力を育てるために、さまざまな話しあい、政治教育、文化的活動などをおこなう。［教師側の］学級指導部はこうしたホームルーム運営の権限を生徒のホームルーム委員会に委譲し、一ヵ月ごとにホームルーム活動の計画をおこなわせることによって、生徒集団によるホームルームの自主運営に成功した。／その後、合宿研究会は、サークルの拡大にともなって二〇〇名以上に増大するとともに、生徒集団の問題を解決するために、多くの生徒、教師はもちろん、父母をもまきこんだホームルーム活動を展開するようになっている。

報告中の「父母をもまきこんだホームルーム活動」は、上田が「ＰＴＳ方式」と命名した「親と教師と生徒でつくるＨＲ」メソッドをさすようだが（上田先生記念誌編集委員会一九八四）、「合宿研究会」の経験については、前述の「若草」グループという活動家的集団に関わるものと思われる。だとすれば、ＨＲ運営に関する教師から生徒への権限委譲は報告がいうほどスムーズには運ばなかったはずである。しかし教研報告が成ったということは、「田路順子一九七七」のいうとおり、一九六一年の全国教研までには教師側の生徒自治に対する認識は一定深まっていたとみるべきなのであろう。

こうした変化の上に立ち、一九六〇年代の生徒自治活動においては「八鹿スタイル」の定着がすすんだ。一九六〇年代後半には、『学校要覧』に掲載される公式の「学校行事計画」に六月の「キャン

リーダー用『キャンプ歌集』 ※梅谷博貞が八鹿高校の歌集をもとに製作した千種高校 のもの（尾崎順子氏提供）

プリーダー講習会」や八月の「キャンプ実習（1年）」が掲載されるようになっている。その点で興味深いのは、梅谷博貞の地学の授業[18]である。八鹿高校生が「いつでも、どこでも、だれでも、同じうたがうたえ」るようになった背景にこの授業があったと、「田路順子一九七七」はいう。

　歌は美しくうたうためではなく、きびきびした規律とリズムをうみだすために必要なのである。歌に対するこのような考え方は、一九六三（昭和三八）年から一九七二（昭和四七）年まで、地学が一年生の必修になり(19)、野外観測に参加する前提条件の一つとしてコーラスがとり入れられるようになった間に、一層の深まりをみせたように思われる。歌のこうした働きに気づいた地学科の教師（当初は梅谷氏、後には四方［恒男］氏）は、生徒たちにうたう力を身につけることを要求していった。それは生徒からも、一泊二日の野外実習を成功させるために、地形測量や天体観察の技量と同等に重要なものだと考えられていた。そのため、野外実習に参加する準備が完全かどうかをたしかめる「野外授業資格テスト」の中には、「キャンプ用の歌集にのっている歌を、何もみずに三〇曲以上うたえること」という項目が入り、この時期には［中略］一年生が、帰りの車中や教室でさかんにうたをうたうという光景が、あちこちでみうけられた。このように、一年生の間に、二・三年のコーラスリーダーから徹底してうたをしこまれた。

自発的で規律ある集団として、野外で「学び」の作法を体得するという授業には、こうした仕掛けがあり、事前にリーダー役の生徒が準備されていて、彼らが更に次のリーダーを育んだ。

フィールド・ワークは、一人ではできない。観測や調査の精度をあげようとすれば、緻密な計画と強度な統一が要求されるのである。／技術面、学習面でのレベルをあげるために、野外授業実施前に十日以上の校内訓練をやり、「野外授業参加資格テスト」に合格するところまで練習させる。／赤道儀、トランシット、コンパス、六分儀、クリノメーター、通風乾湿計、日照計、風向風速計、平板、レベルなどの器具を使いこなすことから、地形図の見方、テント生活のやり方、キャンプ炊事のやり方、救急法までの基礎訓練をやってくれるのは地学リーダーたちである。赤道儀リーダーは赤道儀を手足のように自由に使いこなすことができ、コーラスリーダーはキャンプ用の歌を三〇曲は暗誦してしまっている。トランシット、レベルなどを指導する測量リーダーは自分の部門の指導の責任を持つのである。指揮者は、参加する一年生から選出された隊長であり、班長である。リーダーは隊長や班長の助言者である。リーダーの任務は率先して働くことであって命令することではない。

一九六九年度入学の田路自身の経験では、「四月に一年生は六組にわけられ、五月から一カ月ごとに、一組ずつ山へのぼっ」たので、「全員がすむまで半年以上かかっていた」。付言すれば、カリキュラム改訂後、地学キャンプは一九七三年度入学生から「体育キャンプ」に変わった。次は、一九七三年四月の入学生・田中直の回想である（田中直二〇二二）。

ハチ北高原でのキャンプ（三木美保氏提供）

八鹿高校の体育で特徴的だったのは、野外活動（キャンプ）である。1年生の7月に実施されるハチ北高原でのキャンプは、まさしく「野営」実習と言うべき過酷なものだった。事前準備として細く割った竹を針金でつなぐ簀《す》の子作りがあった。これを各班でつくり、当日は分解して炎天下の山道を背負って登るのである。到着後は、休憩する間もなくトイレを設営する。深く掘った穴の四方に柱を立ててムシロを張りめぐらせた簡易トイレだ。［中略］キャンプは地学（天体観測、天気図作成など）と連携して実施されていたが、付随して歌の試験もあった。1人ずつ教官室に呼ばれ、その場で出題された歌を暗唱させられる。［中略］うたごえ運動的なノリは苦手だったが、事件前後の長時間にわたる職員会議の重苦しい雰囲気のなか、休憩を取って当時流行していた「およげ！ たいやきくん」を全員で合唱した後に議論を再開したという話を聞くと、歌の力というものが確かにあったのかも知れないと思う。

新カリキュラムでも職業科の地学Iは三年次の選択科目であって必修ではなく、「地学連携の体育キャンプ」はやはり普通科生の実習であったが、それ以前に「兵庫方式」入試により学科間格差は決定的に広がっていた。高校教育における格差問題は地域ないし全国共通の課題になっていた。

4　変化する社会と学校

「団塊世代」、一九六四年度卒業生あたりから、普通科では進学希望者（男子の志望先はすべて四年制大学）・進学者が急激に増えた（**表2**参照）。校内模試に基づく進学指導も丁寧に行われていたが、生徒編集の『八鹿高校新聞（以下、八高新聞）』をみると、教師側の思いと生徒側の関心には、しかるべくしてかみ合わない面があった。

たとえば『八高新聞』八〇号（一九六五年二月二六日）に、新聞部が「今の教育に対する感想」を八鹿高校の生徒・教師や地域住民にを尋ねたインタビュー記事がある。これによると、生徒らは一番身近な教師に批判の目を向けており、「先生方は僕達にとけ込んでいない。ペーパー上での価値だけで判断されているように見受ける」とか、「いろいろな事件に対して全く行き当り、バッタリと言った感じ」といった意見が紹介されている。ただ、教師たちは、生徒たちに社会的な課題と向き合うことを繰り返し求めていた。次は、当時二四歳の若い教師（地学）が『八高新聞』同号に寄せた、いわば生徒たちへの激励文である。

●中尾滋男「生きていてよかったと思う社会にするために」より

僕の中学時代から高校時代にかけて［一九五五年前後］、それまでは農村になんとなくいた二・三男が、都市にどんどん出てゆくようになってきた。が、まだ農家の長男を中心としたサークルが農業研究をやっており、我々少年団も畑を作ったりしていた。しかし高校時代にはその長男すら独身者は都市に就職してゆくようになり、部落には青年団は名のみで団員一名というような状態になり、大学時代にはその最後の一名も出ていってしまった。そればかりでなく最近は［中略］妻帯者でも都市に就職し、農業は女と年寄でやるようになりつつあるということである。また農村にいるものも護岸工事等土方に出て、農業はだんだんすてられつつあるようです。［中略］農器具化学肥料等農業の近代化に必要なもの、また生活物資等、都市労働者による生産物にたよる度合が大きくなるにつれ、農村では現金収入が次年度の営農に大きく響いてくるようになった。［中略］現在政府が進めている農業政策によると、世帯数からいって現在の一割前後の農家があればよいということだそうです。しかし前にいったように現在家をあげての離農は、非常に少［な］いといわれます。皆さんもやがて三年で農　地墓地（親）と自分の将来との間で、悩むときがくると思います。

青年教師・中尾は生徒たちに、地域のこと、農村と都市の関係、政府の農政と農業のあり方、食糧問題などを自分の問題として、「生き方」の問題として考えてほしいと訴えている。

戦時下の転向で戦後はしばらく沈黙を守っていた但馬の綴方教師・東井義雄《とうい》(20)が、その実践記録『村を育てる学力』を公刊し、全国的な反響を呼び起こしたのは高度成長期の入口にさしかかったころである（東井義雄一九五七）。同書で東井は、「田んぼのまん中に建っている学校は、『子ども』や『村』の最もすぐれた味方でなければならない。そして、そのために『民主主義』や『近代精神』を背負うのでなければならない」と述べた。その要点は、村の教師にとって一義的に大切なのは民主主義の観念や制度ではなく「子ども」と「村」を育てることだ、その原点を離れて民主主義を唱えても無意味だ、ということになろう。しかし同時に「民主主義を憎悪」するかのように「子どもの口答え」や「先生のスト」を嫌う住民が多い但馬において、「民主主義を代弁」する学校＝教師が果たす役割はきわめて大きい、と主張していることも事実である。一九六四年四月から一九七二年三月まで八鹿小学校の校長を務めた東井（広岡義之二〇二〇）には八鹿高校で講演する機会もあったようだが、この後者の意義を実感し共有できる教師は、若い中尾や先述の梅谷を含め但馬には少なくなかったのではないか。「貧しい農村地域」＝但馬の教育には、戦前来、多くの綴方教師が関わってきたという特色があり、また但馬にはプロレタリア教育労働運動に連なる「『生活学校』読者も県下で一番多」かったという一九三〇年代の歴史も明らかになっている（森垣修二〇〇九、戸塚廉一九六〇）。

八鹿高校事件に際し、東井は教師集団にはむしろ批判的であったようだが、「先生を返せと八木川原に集まって叫んだ生徒がすばらしい」と、「生徒の側に立ってものをいった」という（森垣修二〇〇九）。だがその一方で、一九七五年には、「入学試験用学力、就職試験用学力・ペーパーテスト用の学力」、「村を捨てる学力」でしかない学力とは違う、「ほんものの学力」を育む教師としてのたたかいに「私は完全に敗れた」と、自身の「負け」を認めた。背景には、「経済成長」と過疎化の進展、小学校・中学校の統廃合、校地の工場への転用、村人の工場通い、農業の機械化と役牛の消滅、薪・「いろり」のプロパンガスへの置き換わりなどといった地域社会の激変があった。東井は、「谷間の老いも若きも、男も女もひとつに結ぶ要になっていた学校がなくなった上に、他人のことなんか考えておれない生活の様式の変化が、善い意味においても悪い意味においても、人と人とを強く結びつけていた『義理』『人情』を、いともあっさり踏みにじらせることにもなった」、「村人たちの自己主張の口がとがりはじめ、『我・他・彼・此』の人間関係が目立ちはじめ、それが家庭内にも持ち込まれるようになった。親子の断絶、老人疎外は、都会だけの問題ではなくなってきた」、などと嘆いている（東井義雄一九七五）。

一九六〇年代終わり～一九七〇年代初めごろ、八鹿高校の教師集団もこうした地域社会の激変、学校教育不安定化のなかで、かつてない困難に直面する。解同側の論者が「差別文書」として槍玉に挙げる、ベテラン数学教師・橘謙（事件当時の高教組分会長）のエッセイ（橘謙一九七四―七五）はその困難をやや自嘲気味に「ボヤキ」ながらも、掘り下げようとしたものである。

進学率60％段階での高校教師は、小学校・中学校の教師の苦しみを知らず、生徒とはこんなもんだ、とおさまりかえっていた。今や進学率90％にもなり、小学校・中学校の苦しさのレベルにようやく到達した途端、悲鳴をあげはじめた。みっともない話だ。［中略］小学校での矛盾と困難は、中学校を経て高校になるに従って、拡大し成長し、深刻化し、より顕わとなってきているのである。さらに高校進学における差別と選別が、いよいよ事態を収拾すべからざる困難と混乱に落とし入れている。高校は学校教育の諸矛盾の集中点であり、高校の問題はすべての学校の問題でもある。［中略］授業困難（学習困難）、非行、補導事件の続出するのは、［八鹿高では］農業科（畜・農）である。兵庫方式によって、ぼくらの地方の10あまりの高校は完全に序列化され、輪切りになっている。ぼくの学校の普通科は、この序列の先端の方に位置し、農業科は後尾に位置する。［中略］勢い、うちの学校の緊張度は高まらざるを得ない。

重要なのは、連載の八回目で『八高新聞』一〇七号（一九七〇年一二月八日）の特集記事に関わる生徒集団の取り組みや教師集団内での議論が紹介されている点である。

［新聞1面では］「農業科の実状」と題する〝農業科2年有志10名による宣言〟が中核となり、普通科3年の甲野［仮名－以下、エッセイ中の人名は同様］の普通科と農業科の2つのコース間に横たわる対立、違和感、差別についての問題提起があり、生活指導部主任の大川の「考察」が掲載されている。／「私たちに夢や希望はありません。私たちは夢や希望を奪いとられたのです。農業を本当にやりたくて農業科へ入学したのではなく、行くところがなかったから、農業科に入学してきたのです」（農業科2年有志）／そして、普通科目をとりたくても、農業科目を勉強させられ、「道路工事人夫」のような実習までさせられる、そして実質上大学への進学はきわめて困難（殆ど絶望的）といった現状への訴えがなされていた。第2面の「兵庫方式について」は痛烈な批判の声（生徒の意見）が掲げられている。［中略］［同記事誕生のもとは］新聞部員の「努力」と「姿勢」にあるとともに、さらにもっと広い生徒等の動きがあったのである。［中略］2年BH［＝農業科クラス］と2年Hホーム［＝普通科クラス］の交流会があった。［中略］農業科と普通科間の交流会というのは画期的（空前絶後）なことであった。／その会で、農業科の生徒は、おれたちは差別されていると言い、普通科の生徒は、わし等は別に差別したりなど毛頭していない、と言い合った。［中略］学校祭に、これらの問題を何らかの形で取りあげるよう、［自

治会］執行部内で努力した。その結果［中略］「高校生活における差別の問題」というテーマで、「主張大会」を開催し、各ホームから弁士が1名ずつ出るということに決定した。［中略］主張大会の後半、参加者の意見交換会のなかで、Y高のホームルームや授業への批判が続出し、出席した教師も答弁に大汗をかき、自治会長が全生徒対全教師の対話の会をもつことを宣言して、教師をあわてさせたりした［後略］。

記事に関する教師集団内の議論では、農業科の教師が「農業科には、本気で将来農業をやろうと思って入ってきている者も沢山いる」、「記事は農業科の分離独立の方針に重大な支障をきたす」などと反発を示し、生活指導部主任が「農業科の問題を全職員が率直に討議したことはこれまでなかったこと、この問題をす通りしては本校の教育の変革、進歩はあり得ないことを力説」した一方で、「ここ数年農業科の教師がストから脱落していること」に不満感をもっていた普通科教師の多くはこれを傍観していた、ただ農業科の生徒が荒れてきた一年後（一九七一年度）には彼らの傍観者的態度も変わらざるをえなくなった、と橘は述べている。

結局、このときの一〇七号は、管理主義的指導を排し生徒集団の自治を尊重する教師集団が問題をともに考える姿勢をとった（後述）ことで回収を免れた。新聞部は一〇七号を補うかたちで『八高新聞』号外（一九七〇年一二月二四日）を発行し、農業に誇りをもつ三年生の意見や「近視眼的捉え方」を戒める農業科教師の意見を掲載する一方、今後ともこの問題に真剣に取り組む決意を述べた。重要なことは、この事件後、職業科生のなかに自らの不満を「要求」にまとめ教師側と交渉する動きが現れたことである。「田路順子一九七七」によれば、職業科生の「ほとんどが農業と何の関係もない所へ就職したり、進学したりしている現状の中で、［三年次に］入学試験の必修科目となっている

(号外)
八鹿高校新聞
1970 号外
昭和45年12月24日発行
八鹿高校新聞
発行所
兵庫県養父郡八鹿町
兵庫県立八鹿高等学校
新聞部
印刷所
豊岡 北星社
再び『差別』について
とりくみの反省
甲良 満
『差別論争』への提言
教諭 日和昭八
新聞に反論する
3-1 M・Y
農業科の実状を知ってもらうために
3-2 田原裕彦
学校新聞を読んで思う
三-一 S・T
新聞を発行したことについて
3年3H
三-二 安積利幸

1970年の職業科問題に関する『八鹿高校新聞』号外

英語のなくなる」カリキュラムはおかしい、ということで、一九七一年三月、生活科の二年生が他の農業科生に呼びかけ、署名を三百数十名の生徒から集めて、英語を職業科目との選択制にもどしてほしいと訴えたのである。自治会執行部がこれをとり上げ、教師側と交渉した結果、同年六月から職業科三年の希望者を対象にした英語補習授業が開始され、一九七二年度からは選択科目としての英語（三単位）が復活したという(21)。そしてその後も、職業科問題を考えていこうとする流れは生徒集団のなかに受け継がれたという。

一九六〇年代末～一九七〇年代初頭の「高校紛争」は、全国の、いわゆる「一流校」を中心に起きた。しかし、それが「大学紛争」とは別の意味で注目されたのは、政府の能力主義的・国家主義的

「人材養成」策と高校多様化政策のもとで、すでに高校教育と教師に対する不満や反抗（怠学・非行など）が「底辺校」中心に噴き上がっていて、その基底にある一般高校生の教育要求を全共闘派の高校生が代弁しているかのように見えたからであり、本当は、そうした高校生の教育要求を民主的自治的な合意形成の方向へ導けるような教師集団の不在こそが問題なのだ、という高生研指導者の説（西平正喜・竹内常一一九七八）がある。こういう観点からみると、八鹿高校の生徒集団と教師集団の関係はさまざまな齟齬《そご》や動揺をはらんではいても、評価に値するものであったといえる。

新たな困難に対し、八鹿高校の生徒集団も、むろん教師集団も、集団としては「負け」（東井の言葉）を認めるような孤立性からは免れていたといえよう。域内には大学も先進的民主主義を体現するような大きな組織勢力も存在しない但馬地方であるが、一九六〇年代に積み重ねてきた実践のなかで、彼らは地域や全国（外）ともつながって、あくまで展望を開こうとしてきたのである。

この時期、小学区制の実現をめざす高校全入運動では高教組但馬支部が中心となった地域組織が動き始めるが、知事選挙で社共共闘（「明るい革新県政をつくる会」）が実現した一九七〇年に入ると、兵教組但馬支部も加わった「但馬高校全入対策協議会」(22)が発足した。同協議会は約二万の署名を集め、一九七一年度から但馬でも増学級が実現した。

5　同和教育

八鹿高校教師集団による同和教育への取り組みは、『八高新聞』一〇七号問題の起きた一九七〇年から本格的なものとなったが、「田路順子一九七七」によれば、前史がある。まず、一九五八年の高教組教研宝塚集会の同和教育分科会に参加した八鹿高校分会員が、南光町や神戸・湊川高校での取り組みにも刺激され、学校白書運動においてさまざまな差別問題の中心に部落問題を位置づけたこと、そして一九六〇年には分会内に同和教育委員会を設けたことがある。それは同和地区出身生徒の在籍状況（表4）が把握されるようになったこととつながる。同委員会の活動には停滞があったが、授業や社会科学研究部の学習会では部落問題がとり上げられていたという。

片山正敏ら「何人かの教師」が地域へ入るようになるのは一九六八年以降で、一九六九年の関宮町教委による社会教育活動が八鹿高校の取り組みに影響を与えたとされる。関宮町では一九六九年、「映画『橋のない川』（第一部）の上映を契機に地域における同和教育の総点検」をすすめ、八月に学者・知識人（部落問題研究所の東上高志、京都大学の祖田修、神戸大学の置塩信雄、名古屋大学の長谷川正安ら）を講師とする青年夏期大学の催しを始め、また一二月からは、社会教育職員が未解放部落に入って住民自身が「先生役」を務めるような同和学習会を開き、これを定例化（月一回）した。この学習会や子どもの学力補充学級に小学校・中学校・高校の教員が関わることになる（千葉純一郎一九七一）。八鹿高校の教師（片山・橋や農業科の張本恭吾、体育科の土野《はの》浩二ら）もこれに参加したのである。相前後して、彼らは日高町にも入った。

しかし「田路順子一九七七」は、一九六九年七月に八鹿高校が「橋のない川」第一部の上映を中止したことに触れ、これは「『ねた子をおこすな』という地元部落住民の反対にあって上映を中止した八鹿町のあとをおう非主体的な決定だった」と評した。生徒有志は中止に抗議、「教師集団は討議を重ね、翌［一九七〇］年四月、『いずれの部にも属さず、独立して本校教育の全体にかかわりあいをもちうる執行機関』としての『同和対策室』（初代室長＝片山正敏）をつくり上げた」。

「一九七〇年度における本校同和教育運動推進案等」（五月）と題する同対室起案文書（職員会議に提出）をみると、その方針には次の四つの柱が明記された（兵庫県立八鹿高等学校一九七一）。

①教師集団として学校あげての学習会、研究会、地区での学習会懇談会を通して、生きた差別の現

実とそのたたかいから徹底的に学び、全分野、全領域で同和教育運動に取組む態勢を確立する。

②差別に対する生徒の科学的認識を育て、差別とたたかう人間への成長をめざすとともに、その自主的活動を援助し、保障する。

③部落解放運動、社会教育団体、公共機関等と提携し、地域全体と部落自体を変革していく運動をおしすすめていく。

④同和対策室は、本校同和教育の先頭に立つにふさわしい機構、機能を充実し、校内にあっては部落の側に立ちきる姿勢を確立する。

この方針の特徴を「田路順子一九七七」はこう述べる。すなわち、「ここには、教職員の独習の配慮から、教育奨励金受給や授業料減免申請の促進、生徒の自主活動の育成、あるいは、地区学習会、子ども会への参加とともに、その組織化をはかるといったことまでが、同和教育のとりくむべき課題として網羅されている」が、背景には、「私たち自身にかけられているもろもろの差別の実態、根源を明らかにし、部落を解放し自分たちの暮しを守りかためて、本物の民主主義を実現していく『主権者』としての国民をつくっていく教育が同和教育である」（片山の言葉）といった、同和教育と民主教育（主権者教育）を等置する考え方があり、そのために運動方針が「厖大なもの」になってしまった、と。もっと言えば、それは「過大」であり、「運動」に傾いていたといえる。しかし、「一九七〇年度に、教師集団は、上記の推進案の大半をこなし」た、という。東井風に表現すれば、これは「地域の民主主義を育てる学力」や住民意識を高める仕事に尽くそうとする教師たちの使命感であろうか。

田路が片山から聴いた話（田路順子一九七七）によれば、「校区内の部落の住民の意識と要求を正しくつかみとること」が先決だと考えた「八鹿高校の教師は、［日高町］鶴岡での子ども会活動と

［関宮町］向三宅での学習会での経験をもとに、奨学金や兵庫方式など、特に高校教育の問題に関することを話し合いのテーマにして、部落の学習会に参加していった。学習会は、行政のでかけていた所を中心にとりくまれ、教師の手で組織されるようになった所をふくめて、のちには南但馬を中心に、およそ一〇ヵ所の地域でとりくまれるようになった」という。片山の記憶は正確である。一九七〇年度の記録（兵庫県立八鹿高等学校一九七二）をみると、そうした学習会・交流会や子ども勉強会は、日高町一、八鹿町二、関宮町二、養父町四、和田山町一、山東町二、朝来町一、計一三ヵ所で取り組まれており、生徒同好会の部落問題研究会発足以後は毎回生徒数名がこれに同行した。県レベル、全国レベルの各種集会にもむろん参加している。但馬地域の高校で、これほど精力的な地域活動、対外活動を展開した学校は、八鹿高校以外にはない。学校以外の一般の職場組織を見回してみても八鹿高校に比肩する組織はなかったであろう。

上述のとおり、高校進学率急増と地域社会変貌のなか、兵庫方式の入試に伴う学科間・学校間の格差拡大が高校現場の困難をしだいに深刻なものにしていた一九七〇年前後の時期に、高教組八鹿高校分会は小学区制の実現をめざす高校全入運動に本気で取り組み、地域での署名活動などでもその力を発揮したが、これは学校あげての同和教育への取り組みと強く結びついてすすんでいたと考えられる。客観的な状況がそのことを表している。その意味で、八鹿高校の同和教育は、教師集団が高校現場の困難に真剣に向き合い地域に入ってその変化の意味を考えようとしたところから立ち上げられたものであって、同和対策審議会「答申」（一九六五年）や同和対策事業特別措置法（一九六九年七月公布・施行）を機にその態勢がつくりあげられたものではない。実際、『八高新聞』などで公にされた歴代同和対策室長（一九七〇・一九七一年＝片山、一九七二・一九七三年＝理科の四方恒男、一九七四年から同和教育室長＝国語科の高本《こうもと》清笮）の同和教育論をみても、ことさら同対審「答申」や特措法を起点に論じる話はなく、憲法の理想や憲法に規定された基本的人権、教育基本法の観点からその意義が説かれている（杉尾敏明一九七五）。

しかし、こうした「過大」な地域での活動は、その過大さゆえに、一九七三年中には転換をせまられることになった。片山の話（田路順子一九七七）では、同年五月に部落解放兵庫県連が解同県連となり、但馬にその支部や青年行動隊が組織され、校区内の部落でも「部落第一主義的な考え方が支配的に」なり、八鹿高校の活動がこれに包囲されてしまうという情勢の急転回があった。たとえば、同年「七月に養父郡のある部落でおこなわれた部落研の合宿には、解同県連青年部の役員三名が参加し、この時の学習会は半ば糾弾会の様相」をおびた。「八鹿高校の教師集団はもう一度同和教育について考えなおしてみようと、部落学習会への参加をふみとどまったのである」と、「田路順子一九七七」は述べながら、疑問を呈している。全入運動のような地域ぐるみの運動のすすめ方からヒントを得て、「むしろ、部落だけの学習会というワクをこえて、校区の父母全体の教育要求をくみとる何らかの方法」は考えられなかったのだろうか、というのである。

しかし、八鹿高校事件の全体像を思い描くとき、保守県政を牛耳る勢力が解同の糾弾闘争にいち早く公認を与えたことで革新勢力が分断され、教職員組合内の対立が顕在化しやすい構図が先行してつくられていったことは重大で、ここは戦術次元での軌道修正ではなく、同和教育そのものの位置づけから冷静に再考する必要があったと思われる。

ちなみに、同和教育の位置づけという点では、一九七三年時点の高教組内には、解同との関係を含めて方針が定まらない状況があった。解同県連の発足後、同年六月の高教組定期大会では、①「部落解放をめざすすべての団体」との提携・協力を主張する執行部に対し、解同を「唯一の解放団体」と認めよとする反対意見が強く出され、また、②姫路や芦屋で教委に認めさせた「〃枠外入学〃を差別的教育体制の最大の被害者である部落住民の切実な全入要求」とみなし、これを運動方針化すべきだとの執行部批判も出された。「枠外入学」とは募集定員の枠外で「特別の配慮を要する生徒」を入学させることで、解同はそれを要求していたのである。そして、この議論は一一月の高教組中央委員会にいたってもくすぶり続けた（『兵庫高教組新聞』一九七三年一〇月二三日）。高教組の運動史（兵高教組三〇年史編集委員会一九八二）には、「兵高教組執行部は部落排外主義をむしろ美化するあやまりを六〇年代後半からおかしていた。教育が真に教師の責任において行われるべきものとの自覚に立ち切れず」、良心的な組合員に大きな被害を与えた、との自己批判が記されるが、高教組運動方針中の「解放教育運動を推進します」が「同和教育運動を推進します」に改められたのは、ようやく一九七四年六月の定期大会であった（『兵庫高教組新聞』一九七三年六月六日・同一九七四年六月三日）。当時の高教組本部が各職場に示しえたのは、「個々の課題を主体的に判断し、一致できる課題について提携」するという原則的な姿勢に関する方針のみであった。

では、この間の八鹿高校内での同和教育の取り組みはどうであったか。「八鹿高校同和教育の歩み」（兵庫県立八鹿高等学校一九七二）によれば、教師たちは一九七〇年四月、まず関宮の同和相談員・林田幸之助（南但民主化協議会書記長）(23)と懇談、五月からは関宮でつながりをもった東上高志を講師に招き、全教職員を対象にした校内研修会を月一回のペースでやり抜いた。東上の回想（東上高志一九七五）では、この「一年間十二回の学習会をとおして、学習と討論の中心になったのは、一つは八鹿高校内にある差別の問題であり、一つは、部落出身生徒の学力の保障の問題であり、一つは、全校生に部落問題を正しく認識させるための手だての問題であった」。就職差別の実態調査も行った。生徒への働きかけについては、県奨学生集会（七月）、高校生部落問題研究集会（一〇月）、部落解放奨学生全国集会（一一月）などがあり、「田路順子一九七七」によれば、奨学生全国集会の際は

表4　八鹿高校の同和地区出身生徒在籍状況

入学年度	1962	1963	1964	1965	1966	1967	1968	1969	1970	1972	1973	1974
当該学年生徒総数(人)	491	622	626	565	472	408	389	386	390	426	430	435
同和地区出身生徒数(人)	10	12	18	13	11	18	8	12	13	14	16	22
同上比率 (%)	2.0	1.9	2.9	2.3	2.3	4.4	2.1	3.1	3.3	3.3	3.7	5.1

出典：杉尾敏明編『資料　八鹿高校の同和教育』神戸部落問題研究所、1975年。若林正昭「八鹿高校の同和教育と部落問題研究会の歩み」『同和教育研究』7号、1975年。1971年は不詳。

「生徒自治会が主体的にとりくみ、一年と三年で二〇名近くが参加した」。こういう準備段階をへて、「橋のない川」第一部の全校鑑賞会が一一月三〇日〜一二月二日に実現した。映画鑑賞に向けたHR、松浦勇太郎講演会も事前に行われ、生徒の部落問題研究会は鑑賞会最中の一二月一日に発足した。生徒自治会執行部や新聞部関係の生徒が中心になり、部落出身者・身障者もこれに参加した。

一九六〇年代後半〜一九七〇年代初頭、八鹿高校在籍生徒中の同和地区出身者は毎年三％台（実数で四〇名前後、**表4**参照）で推移するような状況で、但馬地域の人口に占める同和地区人口の割合（約四％、**表5**参照）を少し下回っていた。また同対部の独自調査によれば、一九七〇年時点の高校進学率において八鹿中学校では全校の数字（八七％）と同和地区の数字（八二％）が接近してきているなかで、八鹿中学校から八鹿高校「普通科」への進学率を抜き出してみると、兵庫方式以降は、逆に差がひらく傾向（一九六六年の全校五三％・同和地区四四％が、一九七〇年の全校三一％・同和地区一四％）にあったという（杉尾敏明一九七五）。八鹿高校の同和教育では、部落問題の歴史だけでなく、こういう同時代の、格差を拡大するしくみの問題を、生徒たち自身に関わる課題として提示した。

表5　但馬地方同和地区一覧（1969年）

管轄福祉事務所	市町名	市町人口	同和地区	同地区世帯数	同地区人口	人口比(%)
朝来福祉事務所	生野	7,811	M	102	419	5.4
	朝来	8,735	S	194	798	9.1
	山東	8,025	K	31	140	9.7
			H	42	191	
			Y	107	450	
	和田山	15,430	M	133	586	6.0
			N	82	347	
養父福祉事務所	八鹿	13,320	S	183	693	6.6
			M	32	92	
			T	14	52	
			K	9	46	
	関宮	5,932	M	21	76	2.8
			S	24	88	
	養父	10,388	Y	114	515	12.5
			H	77	293	
			N	12	39	
			T	43	150	
			J	---	304	
	大屋	7,697	H	31	130	1.7
	村岡	9,189	M	7	16	0.4
			U	5	17	
	美方	3,909	O	9	40	1.0
北但福祉事務所	日高	20,339	K	209	915	4.5
	出石	11,646	T	116	563	4.9
	豊岡	43,259	K	69	334	1.2
			S	40	196	
	但東	7,814	S	1	8	0.8
			K	6	26	
			H	6	28	
	竹野	7,278	W	43	211	2.7
	香住	16,506	N	129	563	3.9
			N	26	87	
	浜坂	14,465	S	50	227	1.6
計		211,743		---	8,635	4.1

出典：杉尾敏明編『資料 八鹿高校の同和教育』神戸部落問題研究所,1975年。南但は1969年度各福祉事務所調べ。北但は北但同和促進協議会編『但馬に生きる』(1970年) の数字。 市町人口は1966年調べ。

「田路順子一九七七」によれば、同和HRでは、「『橋のない川』の事後指導とともに、時を同じくして起った校内の差別、職業科と普通科の問題がとり上げられて」おり、一九七一年度にかけて兵庫方式の問題も議論された。一九七二年度からは「特設のカリキュラムがもうけられることによって、より系統性をもって」同和教育が展開された。「講演会や映画鑑賞（『偏見』『差別』『大地の夜明け』『橋のない川一部・二部』『厚い壁』）がおこなわれた他、『同対審答申』、『同和対策特別措置法』の学習や、副教材として『みんなの部落問題』（一年）、『やさしい部落の歴史』（二年）、『やさしい部落問題』（三年）をつかいながらの部落問題の学習もおこなわれている。さらに、一九七三年度には、副教材としてあらたに、県教委のつくった『高校同和教育資料』がくわわった」。そして、「この頃から、各ホームでは、個々の教師たちが思い思いに特設同和のホームルームを運営し」、「なかには、生徒が自主的に機関紙をつくって、部落問題の本質にせまる紙上討論を展開していたクラスもあったが、反面、差別の原因を個々の人間の心に求め、徳目主義的な話合いをおこなっていたクラスもあった」、とのことである。

しかし前述のとおり、一九七三年の半ば以降、八鹿高校の地域活動は転機を迎え、一九七四年に入ると、校内でも解同青年行動隊と結びついた生徒たちの解放研設置要求が顕在化するなか、同和教育の位置づけは教師集団内の議論をへて再考、再整理された。県教委・校長の指示で「部落解放に立ちあがる高校生の宿泊研修会」（六月）に参加し、糾弾を受けた小田垣鎮教頭が生徒自治会と職員会議の承認という手続きを無視して解放研設置を確約したことで、教師集団と管理職との対立は深まったが、翌七月、育友会全体会において、高本同和教育室長は同和教育の目標をこう語っている（杉尾敏明一九七五）。

民主々義とは手続きである。合理的に合法的に規律に従った手続きが必要です。解放研も圧倒的な力関係によって作るのでなく、学校の教育活動の一環として、位置づけを明確にした上で、学校の民主的ルールをふまえて設定すべきです。非民主的な会での確認は無効です。／また、学校は教育の場、学び合う場、同和教育では部落問題について科学的に認識し、完全解放への展望ある考え方、活動の素地を互いにつくっていくところです。仲間の輪を広げていくところです。

一九七〇年の「本校同和教育運動推進案等」にあった、学校として解放運動や社会教育団体と「提携し、地域全体と部落自体を変革していく運動をおしすすめていく」といった方針、学校教育と運動との間の線引きが曖昧《あいまい》になるような同和教育論は、ここでは基本的に否定され、特に民主的手続きの重要性が強調されている。この点は、但馬地域における八鹿高校の教育活動の意義と教職員組合運動の役割それぞれを一層鮮明なものにするために重要な意味をもったと思われる。

むろん、同和教育のテーマとして、この高校現場で議論されてきた部落問題と他のさまざまな現代的格差・差別の問題の腑分《ふ》け(24)、再整理の必要は、まさに「解放への展望」に関わって不可欠であろうと考えるが、それは彼らだけが背負う課題ではない。また「田路順子一九七七」がいうように、何より「高校生活の場で具体的に生じてくる個々の矛盾をとりあげ、生徒の自主活動を系統的に指導し、発展させるということを通して、民主的主権者の育成を追求すること」こそが、八鹿高校教師集団が地域から求められる第一の課題であった。格差・差別問題の腑分けと再整理という課題は、そうした第一の課題を真摯に追求するなかで、それと矛盾しないかたちでじっくりと追求されるべきものであろう。

三　八鹿高校事件とその後の教師集団・生徒集団

A　教師集団と地域を励ました生徒自治会とＯＢ会

1　生徒自治会のたたかい

東井義雄は「先生を返せと八木川原に集まって叫んだ生徒がすばらしい」と言ったという。矢川徳光は、特に「学校教育をとおしての教師たちと生徒たちの集団的発達」の典型を事件とその後のたたかいのなかにみた（矢川徳光一九七六）。それは、前章の八鹿高校教師集団と生徒集団の形成過程からみて、違和感なく受け容れられる評言である。

とはいえ、一九七四年一一月二二日の時点で、解同の暴力的糾弾に生徒集団とともに対峙する、などということが教師集団の念頭にあったはずはない。それは、教師集団には、学校における教師―生徒の関係性が、当然ながら「教え導く者―学び導かれる者」「保護する者―保護される者」といった非対称のものとしてはっきり観念されており（これが市民社会＝外へ出たときには同一の人間同士の関係が対称性をもつようになるということを認識していたとしても）、この学校の教育活動自体が標的にされている状況下で、教師自身が身の危険を感じ学校を離れようとした際に生徒たちに「下校してくれ」とか、「何をすべきかは自分たちで考えてくれ」などと伝えたのは順当なことであった(25)。一方、行政（県教委）側・解同側も、青年行動隊とつながる解放研の生徒を利用する立場にあり、それこそ生徒集団全体を対等な市民目線でみるような意識は毛頭持ち合わせていなかった。行政と解同が屈服を強いる相手は教師集団＝「共産党＋共産党シンパ」だけであった(26)。

そういう意味で、このリンチ強行の場面での生徒集団はいわば土俵の外に置かれていたが、現実の彼らの判断力と行動力は、暴力の排除と学校の自由・自治を守るため全面的に発揮された。事件直後、一二月中に自由法曹団弁護士グループが集めた生徒たちの証言（一二日に同校生物教室にて普通科五四名と職業科七名の生徒から聴取、一三日に同校職員室にて生徒一五名から聴取―但馬高教組会館「八鹿資料室」所蔵生徒供述調書）があるが、これらをみると、当日の生徒たちは実にさまざまなことを試み、また暴行・リンチを受けた教師たちを目撃し、その救出に全力を尽くした(27)。

午前中、立脇履物店前の惨状を目撃した者。第一体育館横で集会を開いていて、暴行現場となった第二体育館を覗きに行った一〇〇人以上の一年生。警察に電話をした生徒自治会執行部。解同に抗議し、暴行を受けた者。解同につかまって体育館内に連れ込まれ、顔を殴られた者。クラス討論を行っていた三年生や二年生（クラス決議）で体育館に駆けつけた者たち。三年四ホームで県教委職員と会い、暴力行為を現認したことや生徒の身の安全を守ることを書面で確認した者たち。ハンスト生徒のところへ行き、一時間以上「話し合い」をした者。警察署前に集合し、教師の救出を訴えた一〇〇人以上の者たち。署内に入って交渉を試みた前生徒自治会委員長。五〇〇人ほどでデモを始め郵便局前で警官に「違法デモだ」と阻止され、署名を集めた三年生たち。道で会った警官に抗議した者たち。午後、八木川原に集まり、許可を得てデモに出ようと、解同（解放車）、各町長、「役場の人」、教頭、そして警官隊（機動隊）と相対した約一〇〇〇人。彼らは、丸尾から「生徒がデモをしたら、解同側に正義がなくなる、デモをするな」などと説得され、「役場の人」からは「共産党に利用されているだけだからやめろ」「不利になる」と声をかけられ、教頭からも「今［デモに］出ると不利になる。民青・共産党に利用されるだけだ」と制止されつつ、なおデモに出ようとするが、許可された時刻が過ぎる。しかしこの間、彼らは生徒代表八名（一年生二名、二年生四名、三年生二名）を校内に送ることを解同に認めさせ、町長らには「①暴力を振るわせないこと、②先生・生徒の身の安全を守ること」を約束させた。また夜間（六時〜七時、九時〜九時半）にも、校舎内や体育館に忍び込む者、など。この間、彼らは教師四〇数名（負傷した者のほとんど）の無惨な姿や顔を現場で確認している。

事件後すぐ、自治会執行部を中心に下宿先などの校外において善後策が検討され、連休明けの一一月二五日、生徒側は「同盟休校」を決行した。解同による「執行部糾弾」のうわさも流れ、生徒側の中心メンバーは食事も睡眠もろくにとれず「死にものぐるい」の活動を続け、同日夜から校長・教頭と、二六日からは県教委関係者も交えて四日間に及ぶ交渉をこなし、県教委と学校に「解同側の一方的暴力があったこと」の確認と、教師・生徒の安全確保策を要求した。彼らは各種調査団にも対応し、弁護士や教師とも意見交換を行った（植《うえき》亮介一九七六―七八）。

そして、一二月一日の、八木川原に一万七〇〇〇人以上を集めた「人権と教育・地方自治を守る兵庫県民大集会」や、翌二日の授業再開（午前中のみ）と丸尾ら解同関係者の第一次逮捕に前後して、自治会執行部は一層精力的に動いた。生徒集団は一一月二八日以降、クラス討議・クラブ部長会・学級委員長会・HR運営委員会を積み上げ、代議員会を開催して生徒大会（総会）の準備をすすめた。一二月五・六両日には校長・教頭を呼んでの公開質問会も開催した。

しかし、「クラス討議のなかで泣きながら訴える『解放研』に、心情的な支持をする生徒が出はじめ、ついには『先生方の行動は正しいが、もう少し「解放研」のことを考えてもよかったのではないか』という発言まで導き出し」、教師の責任を問う少数意見にも応えることにした執行部は、生徒大会前に「先生に対する公開質問会」も開いた。この時期に現れたのが、「特定（共産党、民青、日教組、社会党、解同各派など）の団体に属さない、あくまで八高生徒会綱領の精神」のもとに集まったという「有志会PEACE」や、「一一月一八日、八鹿町役場にハンストの予定が組まれていた」などと解放研ハンストの実態を暴露・批判する「有志みずむし部隊」など、いくつかの有志グループで、その宣伝物は生徒大会の成功を訴えていた。一二月一〇日の生徒大会は校長・教頭の引責辞職を求め、次のような事項を含む決議を採択した。以下はその抜粋である（植亮介一九七六―七八、兵庫県高等学校教職員組合八鹿高校分会一九七六a）。

二、我々生徒は十一月二十二日のこの事件において共闘会議側の一方的な暴力があったことを認める。

三、十一月二十二日の事件の背景には部落差別に対する激しい怒りがあるが、心身の傷害を付帯することは法治国家においていかなる理由・目的があろうとも断じて許されない。それゆえに真の解放運動には、十一・二二事件の暴力はマイナスである。

四、この事件の暴力に協力・加担した校長・教頭・県教委・町役場・警察の責任を追求する。

七、我々は、真の民主主義・民主教育を確立するために、団結していくをここに確認する。

行動方針

一、文集を作り、ＰＴＡ、全国の人・高校生にこの事件の真相を知らせよう。

三、暴力に加担した県教委、南但八町長・警察に抗議の手紙を出そう。

四、新聞社の投書欄に真実を知らせる投書をしよう。

五、決議事項7にのっとって、解放研生徒との話し合いをもとう。

ここには、自らの体験に基づき「事件の全体像」を窺う洞察がみられ、洞察には教師集団のそれと相当程度通じ合うものがあった。また、「行動方針」にみられる視野の広がりには、彼らの展望もうかがえる。片山正敏らの教研全国集会報告（兵庫県高等学校教職員組合八鹿高校分会一九七六ａ）によれば、この生徒大会は傷ついた教師集団のみならず地域住民をも励ました。一二月一八日の育友会関宮支部総会は、圧倒的多数で生徒大会決議を支持した。関宮町は片山らが地域活動を開始した町であり、林田幸之助と解放研のリーダーを務める生徒の居住地でもあった。校内では、糾弾を受ける恐怖を乗り越え、女子部員だけであった新聞部に剣道部男子（濱道生ら）が急遽加入して『八高新聞』一二〇号（一九七四年一二月二四日）が発行され、次いで生徒自治会文集『八高11・22その日（第1集）』が出され、有志ヒマジンの『八高生の訴え』、三年四ホーム文集『訴』、二年四ホーム文集

『ｃｒｙ』なども出された。「文集を持って生徒達は一軒一軒を回っていった。『解同』にあやつられた生徒の母校である小中の教師が妨害したにもかかわらず全但馬に配ろうとがんばった。役員達を中心に生徒は隊を組んで出かけていった。カンパは百万円を越えた」。印刷物の発行はさらに一九七五年初頭にかけて続き、県外向け等を含め、それらは「延べにして五〇万部」に及んだ。「生徒全体が全国からの支援はがき、手紙の返事書きに追われ、文集の発送に追いまくられた。カンパ総額は3月までに1千万を超えた」。一般紙・マスコミが事件を報じないなか、機関紙『赤旗』でこれを取り上げ、暴力による地域支配に反対する論陣を張った共産党(28)が、事件後すぐ但馬に対策本部を置き、連日街頭などで機関紙販売やビラ配布を始めるが(29)、生徒集団による印刷物は当事者自身が発する「声」として、それに劣らぬ強い影響力をもった。

この生徒集団の動きは、教育社会学者・高浜介二の分析でも注目されている（高浜介二一九七五）。

「大阪では一足先に矢田問題等を経験してきたが、」例えば、大阪の中学校で糾弾という問題が生じ、われわれが頑張って八鹿高校のような状況になったとき、いったい生徒があいう形で行動してくれるかどうかについては、殆ど期待できないという感想です。／つまり、教師と生徒との間の矛盾というものを考えると、これは解同などでよく利用されているが、橘先生が随想の中で書かれたような状況がどの高校にも生まれてきている。こういう背景の中で、生徒と教師の緊張関係というものは絶えず生み出されているわけですから、教師が真実のために頑張るということがあっても、いったい生徒が、それに、いわば後ろ盾、真実に対する後ろ盾になるような状態が生まれるものだろうか、ということが大阪では一番多く出された問題です。

高浜は、「戦後の民主教育は、成果だけあげたとはいえませんが、民主主義教育の中で育てられた青年がもっている一つの面を［中略］示した」例、つまり民主教育の一つの可能性を示した例だと評価した。そして「八鹿高校の生徒たちが自分たちの学校だけでなく、生徒会報を見てもそうですが、全国へこの問題を知らせていく。地域へこの問題を知らせていく。こういう上で、もちろん高教組や教師集団や、あるいは家族会の方がいろいろと努力したが、生徒会がそういう視点をもったということは最近なかったことではないか」と述べた。次項で、その生徒集団を支えた卒業生集団を検討する。

2 自治会OB・OGの結集

教師集団が多くの負傷者（二九名入院）を出すなか、生徒集団を直接支えたのは卒業生、特に生徒自治会OB・OGのメンバーである。橘謙のエッセイで「緑一点」の「直木総介」として登場する新聞部員、一九七二年度卒の植亮介《うえき》は、OB・OGの動きを俯瞰《ふかん》した文章（植亮介一九七五）を書いている。これをもとに卒業生の果たした役割を以下にまとめる。

植は一一月二二～二三日、まず「同窓会名簿をひっぱり出して来て、知っている限りの同級生に電話をかけ、母校の大事を知らせた」後、二四日早朝、東京在住の同級生U（梅谷薫）(30)とともに共産党尼崎地区委員会のマイクロバスに同乗し豊岡へ入った。

現地についたOBの仕事は、やはり第一に在校生に対する激励活動だった。Uと私と、そして、「闘争本部」で偶然出会った神戸から来ていたN（いずれも四七［一九七二］年度卒）は、豊岡駅のすぐ近くの家を借り、OBのたまり場とした。そこで私たちは「在校生諸君へ」という文を製作した。［中略］神戸からTさんがかけつけた。豊岡駅についた彼女は恐怖でガタガタふるえていた。活動家であることが知られている彼女は見つかれば何をされるかわからなかった。［中略］M［南下彰(31)＝八鹿町職員］もOB会本部に顔を出した。第二次朝来事件の時、ビラ配布中に丸尾派に二時間にわたってリンチをうけた民青の活動家だ。村田純子［田路順子のペンネーム］は和歌山のゼミナール会場から電話をかけて来て「くやしーい！」と絶叫して声をあげて泣いた。翌日、彼女はゼミであつめたカンパをいっぱいもって豊岡に来た。二四日中に豊岡にあつまったＯＢ［中略］は七名になった。

ＯＢ会本部に集まったＯＢ・ＯＧは元執行委員が多く、「Ｕや村田純子などはほとんど執行部と行動をともにするようになった」。「執行部といっしょに対校長交渉」もやった。一九七三年度の卒業生も来たが、「彼等は現在の執行委員をよく知っていた。一人一人の性格を知りつくしている彼等は、適切な助言を実にうまくあたえていた」という。植は「もっぱら先生との連絡にあた」り、橘謙らと電話で話をした。二五日には、ＴやＳ（女性）と密かに、青年行動隊などの目を盗んで八鹿病院を訪ねた。入院した教師を見舞い、言葉を交わした。ちなみに、ＯＢ会本部は豊岡に「設置して三時間たらずで豊岡市同対室の車に見張られ」るようになり、日高町の国府駅付近に移されている。

二六日からは、行動の主な部分は執行部に対する援助にうつった。四八年度卒のＲは、彼自身かっての執行委員長であって石原［現執行委員長］君などをよく知っていた。四七年度卒のＵは事務的きちょう面さを持っていた。四六年度卒のＫ君は［中略］その論理力・ひらめきの早さでは右に出るものはいなかった。そしてこの三人を実にうまく動かしたのが村田純子であって、当時の女ボス（？）であった。このチームはすばらしかった。［中略］［村田とＲは］一二月一一日、つまり、あの劇的な生徒総会決議が出された翌日まで、八鹿にはりついていた。

ＯＢ・ＯＧたちは連絡を取り合い、母校の教師・生徒を支援する組織を一気に広げた。まず「母校に正常な教育をとりもどす八鹿高校卒業生有志の会」を名乗った「現地ＯＢ会」は、但馬に飛んで帰った学生ＯＢ・ＯＧを中心とする「若いＯＢ会」である。これに対し、「大人のＯＢ会」は「暴力に反対し、先生と生徒を支援する八鹿高校同窓生の会」と称し、一二月にかけて各地で立ち上げられていった。その動きは「『現地ＯＢ会』に三四［一九五九］年度卒業のＯさん（奈良市在住）がこられたところから」つながっていく。

「阪神ＯＢ会」は、現地から帰ったＴさんのところへ、同じく三四年卒のＩさん（明石市在住）がたずねて行ったことにはじまる(32)。これが一一月二九日で、一二月三日には神戸で二〇名あまりのＯＢ・ＯＧをあつめ、真相報告会。同じく一一日には少し規模を大きくした報告会。この会で「阪神ＯＢ会」発足を確認した。それより少し前に「大阪ＯＢ会」がＯさんや『現地ＯＢ会』から帰った若いＯＢたちによって発足。さらに少しおくれて東京に、また京都では少し視野を拡げて、「全但県立高校卒業生連絡会」いわゆる「全但高卒連」として発足。［中略］大阪で三六〇人を集めて行なわれた二・一真相報告会のあと、大阪・阪神・京都・東京の各ＯＢ会と但馬ＯＢ会準備会代表によって「全国連絡会議」(33)が結成された。そして、全国機関紙『桑の実』が二月八日に発行され［た］。

但馬の場合、二月の八鹿・養父両町長選で「暴力も差別もない町政」、「公正・民主的な同和行政」を掲げた細川喜一郎・朝倉宣征（朝倉は一九五九年度卒のＯＢ）両候補が当選を果たした後、四月一日になって、地元での「八高ＯＢ会結成の呼びかけ」一万五〇〇〇部が新聞折り込みによって八鹿・関宮・養父・大屋・和田山・山東各町の家々に配られた。呼びかけ文は、「但馬の地域性を考慮して自主性ある行動」を旨とすると明言しており、地域との関わりに意義深いものを感じさせる

（『桑の実』一九七五年四月八日）。OB会は壮年・青年をあわせ相当に広がりをもつ存在となった。とはいえ、本書で第一に注目したいのは、「若いOB会」の自治会執行部等に対する渾身の支援活動である。これこそは、事件直後における生徒集団の果断で迅速な行動や粘り強い交渉力を下支えする「縁の下の力持ち」的サポートであった。未熟な高校生集団にとって、身近な先輩の助言は大きな力になったはずである。また、彼らは教師集団と生徒集団をつなぐ役割をも果たした。

OB会結成の経過・日付についてはまだ検討の余地もあるが、それにしても、自治会OB・OGたちの、この母校惨事に対する反応の鋭さは注目に値する。高校での自治と民主主義の体験をベースにしたOB・OG同士の結びつきの強さは、若い卒業生のみならず、勤評闘争期の「八鹿スタイル」が生み出されたころの卒業生をも呼び寄せた。抽象的な「伝統」ではない。具体的な人的つながりがそこにはみえる。

3　生徒集団のその後

生徒大会を成功させた生徒自治会は、年内に「解放研」生徒との話し合い、校長・教頭・育友会正副会長・南但八町（八鹿・関宮・大屋・養父・和田山・山東・朝来・生野）及び美方・村岡両町・県教委・警察宛ての公開質問状の送付(34)、生徒及び地域への文集の配布等をすすめた。生徒大会以後、校長・教頭が出校しないなか、二月には卒業式ならぬ教職員会・生徒自治会共催の「卒業生を送る会」が実施されたという（『桑の実』前掲号）。こうして、八鹿高校の生徒と卒業生の動き、彼等のあげた声が重要な情勢の転回点をつくり、学校や地域で、こと「同和」と名のつく物事については自由にものが言えない、暴力的な抑圧体制に風穴が空いていった。八鹿・養父・出石・山東・朝来の各町では「公正・民主の同和行政」を掲げる町政が実現していくことになった。

だがその後も、八鹿高校のなかには大きな困難が渦巻き続けた。それはまず、「厳しい部落差別が続いている」という意味の「部落問題」ではなく、あえていえば「解放研」に特別の地位を認めるのかどうかという解同問題である。また、橘エッセイに記されるような学科間の格差問題、地域社会の構造変化に強く規定された地域自治組織の機能不全の問題群であり、さらには県教委の教職員組合に対する統制強化（後述）と学校からの地域性や自治性の剥奪といった問題群であった。

一九七五年九月六日の生徒大会は、前期自治会執行部の提案した決議（自治会は、共闘側の一方的暴力があったことを認める、自治会綱領に基づき活動する、「解放研」要求生徒に部室撤去を求める、など）を採択したが、「解放研」問題はしばらくくすぶり続けた。同年一〇月の後期役員選挙では、農業科生を含む「解放研」要求生徒が多数立候補し、一八〇〜二二〇票の支持を得た。生徒大会決議支持派の票は八五〇〜八九〇、欠席・白票などの計が一四〇〜一八〇といった投票結果である（但馬高教組会館「八鹿資料室」所蔵生徒自治会関係資料）。そこには、新入生のなかに中学校「解放研」の経験者が相当数あった問題(35)や、職業科生中心に生じていた「荒れ」の問題(36)が投影していたと考えられる。

ただ、「田路順子一九七七」は一九七五年末ごろの生徒集団の新しい動きも伝えている。

現在、八鹿高校には、「あまやどり」という名前のうたごえサークルがうまれている。一九七五年一一月にひらかれたホームルーム研修会の全体会での、「うたごえサークル『カラス二世』をつくろう」という一生徒の提案が発端となって生まれたこのサークルは、一二月四日の第一回うたう会に六五名の生徒を集め、コーラス委員会にも影響を与えながら、「八鹿のうたごえ」を復活させようとしている。サークルのリーダー格の生徒たちは、うたごえ運動につうじている卒業生や、梅谷［博貞］氏(37)のところへ進んででかけ、昭和三〇年代の「カラス」や「若草」を思わせる、長期的な構想をもちながら、心からうたえる歌をうたい始めている。一一・二二事件によってきびしい自主活動の経験をつんだ生徒たちは今、八鹿高校教育実践の遺産を正しくうけつごうとしている。

生徒自治会を中心とする生徒集団の自治・自由を求めるたたかいは続いた。『八高新聞』記事や「兵庫県立八鹿高等学校一九七七」に収録された卒業生の文章がそれを伝えている。

B　教師集団と地域のたたかい

事件後の教師集団は、一一月二六日の「私たちは屈していません！」と題する高教組八鹿高校分会の声明以来、一二月三日の「全国のみなさんへ」（八鹿高校教職員一同）、一二月一三日の「地域・父母のみなさん」（同前）など、広く地域・全国向けに事実関係や自分たちの意思・行動方針を節目節目に公にしてきた。生徒大会決議も全文紹介され、生徒集団との共同歩調が追求された。

また授業の再開（一二月二日）と並行して、各種調査団への対応、八鹿・養父両町長選挙への取り組み、裁判へ向けた準備活動もすすめられた。そして、一九七五年四月一六日の、被害教師六一名による国家賠償請求訴訟の提訴（第一回公判は七月）、同五月二〇日に始まる刑事裁判公判廷でのたたかいなどが続く。

この間、県教委側の教師集団・高教組に対する攻撃も、またきわめて執拗《しつよう》であった。

一九七五年三月三一日、まず片山正敏（高教組但馬支部長）と橘謙（同八鹿高校分会長）に対し、

「校長の職務命令に従わなかった」ことを理由にする減給処分の通知があった。加害者が被害者を処分したのである。ちなみに「管理不行届き」の廉で珍坂邦巖前校長（諭旨退職）・小田垣鎮教頭（減給）・前田昭一主任社会教育主事（訓告）らが処分されたのは、二ヵ月後の六月一九日である。

一九七六年一月、突如として「職業科独立」が教師と生徒に伝えられたが、これに付随するかたちで三月三〇日には、普通科目担当の教諭三名＝政次《まさつぐ》一義（数学科、高教組分会長）・岡村清雄（社会科）・中川道昭（国語科）に新設独立校（但馬農業高校）への強制異動が通知された。高教組分会のビラに従えば、「教員の人事異動は従来本人の希望にもとづいて行なわれて」きた、「転勤したい人が希望をだし欠員のある学校と十分に話し合い、本人が承諾した上で」、「転勤先と現在校の校長間で正式な書類交換がなされてはじめて異動が発令される」、ところが今回は「電話一本で通知」している、また、八鹿高の兄弟校となる但馬農高の発展のためならと「すすんで転勤を希望する職員も数名」あったのに、今回は強制異動というかたちで、しかもわざわざ組合分会長を異動対象にしていることは、「但馬農高のあまりにも早急な分離独立」とあわせて、「八鹿高校教職員集団を分断し組合組織を破壊」する意図が透けてみえる、ということになる。

県教委はさらに一九七七年度末から、新基準による人事異動方針を実行に移した。それは、九年以上の同一校在勤者と、新規採用後四年以上の者を強制異動の対象にするという大がかりな異動方針で、最初の一九七八年三月末の異動では、橘謙（数学科、当時の分会長）と稲津健輔（国語科）が強制配転となった。以後、毎年度末に強制異動は実施され、八鹿高校教師集団にとっては分会組織を弱体化させ事件被害教師をバラバラにする弾圧となった。そして、それは明らかに高教組活動全体にダメージを与えることをねらった当局側の攻撃であった。

ちなみに職業科独立問題だが、藤本晴保校長が職業科生の保護者宛てに配付した説明文（一九七六年一月二〇日付け）によれば、①今回の県教委発表は、八〇年の歴史をもつ八鹿高校の職業課程（本校の農業・畜産・生活三科と朝来分校）を本格的な農業高校にするための措置である、②農業高校としての独立は、南但各町と同窓会が一九六六年以来、一〇年かけて要求してきたもので、八鹿町が先行取得し整備をすすめてきた「トガ山農場」の敷地を校地として新校を発足させる、③県も但馬総合開発の一つの中心施設として農業高校を重視しており、校舎・体育館・生活科実習設備等についても予算措置が講じられる予定である、となっているが、一九七六年四月一日開校には明らかに施設・設備の整備が間に合わないタイミングでの発表は、新校が県北唯一の単独農業高校となるにもかかわらず、あまりに性急かつ不自然であり、在校生の問題も現場に丸投げされたかたちになっていた。

八鹿高校は対策委員会を立ち上げ、生徒アンケートも実施した。職業科在校生たちからは強い不信感が表明される。「早く移り農業高校としてすばらしい者《ママ》にしたい」といった肯定的反応は少数で、「就職がしにくくなる」、「交通費が高くつく」、「クラブはどうするか」、「普通科ともいっしょにやってきたのに、僕達の夢をこわすきか」、「プレハブだと夏暑くてたまらない」、「先生方、県教委は本当に生徒のことを考えているのか！」、「八鹿高校生として卒業したい」などといった反発が圧倒的に強かった。かつて一九七〇年度の文化祭では、農業科生のデモンストレーションが「八鹿農業高校の早期実現をはかろう」というプラカードを掲げたものだが（兵庫県立八鹿高等学校一九七一b）、そうした農業科生の意地は立ち消えてしまったわけでもないのであろう、『八高新聞』一二六号（一九七六年二月二五日）は地域の要望や歴史的経過を踏まえ、かつ農業科の「将来」をも展望して、生徒集団が新校の充実にコミットする方向を支持していた。

高教組分会は県教委に対する施設・設備要求を強める一方で、生徒の不安・要望（八鹿高校卒業希望、生活指導、進路保障、解放研問題、校務分掌、カリキュラムなど）にどう応えていくかの議論をすすめた（但馬高教組会館「八鹿資料室」所蔵八鹿高校分会資料）。結局、職業科在校生は八鹿高校生として卒業することとなり、八鹿高校は一九七八年四月から普通科単独校に変わった。

八鹿高校事件後、但馬の暴力的な抑圧体制に風穴を空ける活動において、他所では例を見ない重要な役割を果たしたのは生徒集団だが、大きな発信力・情報収集力・動員力をもって地域の空気をかえる風の役割を果たしたのは共産党の宣伝活動であった。当時同党内で回覧された「情報メモ」（但馬高教組会館「八鹿資料室」所蔵共産党資料）には、次のような、地域住民や行政の末端、諸政治勢力の具体的な動きが垣間見える。

a．一一月二五日「情報メモ」

（山東町）こちらの宣伝行動の直後、解同の10人位があわててとび出してきてゼッケンをつけ、ビラを抜きとっていった。町民は回らん板をまわすように、解同にビラを渡していた。／（八鹿町）解同がふつうのかっこうで、22日の生徒集会で発言した生徒の家を訪問したり、町で誰々はいないかと聞きまわっている。その名簿は、2年生のかげやまひでお［生徒大会議長］くん、きしだようじくん、やまさき［自治会副委員長］くん、いしはら［自治会委員長］くん、3年生の中村さん（女）、こういう人たちが解同にさがされている。

b．一一月二七日「情報メモ」

（兵教組城崎支部日高班学習会）解同の八鹿事件に批判的な意見は、もりがき氏他3名、執行部や解同に同調する意見はなかった。全体の感じとして、批判的意見、とくにもりがき氏の意見に対しては、会場はシーンとして聞いていた。／（朝来町）沢部落のある商店の八鹿高校生が、丸尾のやっていることは暴力だ、といったことから部落で大問題となり、2日間にわたって部落集会が開かれた。［中略］丸尾はすでに少数派に転落しつつある。

c．一二月三日「情報メモ」

（朝来町）昨夜（2日）11時頃まで町幹部の会議が開かれた。そこで、「丸尾良昭の不当逮捕に対し、即時釈放せよ」の要求署名を全町民からとることに決定した。それは、区長を通じて、町民から署名とナツ印をとる。／（朝来町女性）役場から各区長を通じて「隣保から3人づつ順番に、インカンをもって出て来い」との指示があった。理由は何も云ってない。なさけない話です。みんなで相談できない様に3人づつに区切ってる。

d．一二月四日「情報メモ」

（大屋町）大屋町の区長会議が開かれる。この会議は、11／29の代表区長会議によって決められたもので、そのイニシアチブは反町長派であり、現在の「解同」には責任をおえないと云う意見も多く、部落解放問題に関する再検討するものと思われる。

e．一二月六日「情報メモ」

（朝来町男性）12／4、真相報告会をしたら、みぞぐろで批判がものすごかった。―これは未解放部落―　12／5、町役場で協議しているようだが、もたついているもようだ。丸尾署名は、全体のものとはなっていない。

f．一二月一〇日「情報メモ」

（豊岡市）拍手を送ってくれる人など、支持が厚くなってきている。一方で、自治労関係が行っている全戸配布の解放新聞などの影響もあって、事実関係があいまいになったり、どっちもどっちだ、という考え方の人にも何人か出合っている。

g．一二月一三日「情報」

（養父町）11／28役場で会議を開き、共闘を続けていく決意を各団体が文書にして印鑑を押して出すよう強要している。

h. 一二月一四日「情報メモ」

（八鹿町住民）12／12 下網場の総会を開き、婦人会長が、〃我々は確認・糾弾権がある〃といったが、〃それはおかしい〃と言った人がある。加勢がとび出し、田中、なごや？がいきりたって、〃おまえらか、おんどれ、きさま〃と言っておるが、脅迫じゃないか、ということで、総会は流れてしまった。／県教委が下網場で、八鹿高校生徒と話し合いをもっている（2回目）。生徒父兄、教師、解同支部の4者の話し合いを県教委が策動しているが、集まっているのは、生徒も解放研だけで、父母、教師は参加していない。

i. 一二月一八日「情報メモ」

（八鹿町住民）くいけ地区の区長会―共闘会議から抜けることをきめ、町に対して郵送した。代表区長、名前不詳、教育委員もやめた。

j. 一二月一九日「情報メモ」

（和田山町女性）和田山町のやっている学習会で役場の人が〔中略〕八鹿高校の先生の悪口をいっている。役場が解同の味方をするのはおかしい。八鹿高の先生も〃どこもうけてくれんので10年でも20年でも〔八鹿高に〕居座っておる〃といっている。

k. 一二月二〇日「情報メモ」

（八鹿町住民）八鹿町は人口1万3千の小さな町から自民党の小島〔徹三〕さんと民社の佐々木〔良作〕の2人の代議士出ている、例のない町ですが、2人は地元の問題〔事件を取り上げた共産党・村上議員の国会質問〕をどのように聞いておったのか聞きたい。小島さんの家は、たてわきハキモノ店から一〇〇mほどのところにある。まっ先にとりあげんなん人なのに、どないしとんやろう、こんな代議士は住民の代表でない。

l．一二月二七日「情報メモ」

（山東町）ある区長宅に入ったところ、八鹿高校文集二〇〇部位つんであった。

m．一九七五年一月一六日「情報メモ」

（山東町での三〇人の真相報告会）そこに藤井かんぞう［寛三＝自民県議］(38)の夫人が出て、発言はしなかったが、熱心に参加していた。娘が八鹿高2年生、生徒会の活動—クラス段階?をかなり熱心にやっているらしい。／（和田山町）和田山町で［明るい会］準備会の下うちあわせ。［町役場の］建設課長夫人が参加。世話人になるという状況。夫人と娘は親父と完全にケンカになっているらしい。親父は解同より。

この「情報メモ」は事件後約二ヵ月間の地域の状況を伝えるもので、右引用はそのごく一部だが、以下の諸点は注目したいところである。

①まず全体を通して、地域組織としての区（大字に相当）・区長(39)や区長会議が行政末端の公的機能を持ち続けているということである。

②丸尾の逮捕直後から、その釈放要求署名運動が行政主導ですすめられるが（c・e）、解同の暴力的威嚇は行政（＋自治労）と警察の後ろ盾があってこそ区や区長に徹底するわけで（a・f・g）、後ろ盾に穴が空けば、威嚇は効きにくくなり、住民たちの市民性が頭をもたげることになる（j・k・m）。

③区の伝統的共同体的な性格は弱体化しており、理不尽な行政に異を唱える者が出れば秩序は綻んだ（d・i・l）。

④有力な「部落産業」を欠く但馬の小さな同和地区もその点では同様で、解同・青年行動隊による住民掌握は深いものではなかった（b・e・h）。

⑤八鹿高校の生徒たちが地域や家庭のなかで「声」をあげ、地域社会に直接影響を与えていることが確認できる（b・l・m）。

⑥八鹿高校教師集団が取り組み、直接住民たちに真相を語った「真相報告会」が地域社会にインパクトを与えていることもわかる（e・m）。

ところで、bに記された「もりがき氏」＝森垣修については、梅谷博貞らの初期の集団主義的生活指導・教研活動、また東井義雄と但馬の綴方教師について述べた箇所で触れた。東井の実践を継ぐ但馬サークル協議会の中心にいた森垣は、事件当時、日高町立府中小学校の教師、兵教組城崎支部日高班のリーダーでもあり、高度経済成長と過疎化の進展に伴う地域社会の劇的な変化と、解同問題の出来という二つの困難から、地域と学校を「再生」させていく組織的なたたかいに心血を注いだ綴方教師である。森垣らの取り組みと但馬の教育運動は多くの教育社会学者たちから注目され、これに関する研究文献も多い（中内敏夫ほか一九七七、堀尾輝久一九九七、前田晶子二〇一二、参照）。その一つ、「村山志郎ほか一九八四」は次のように述べている。

一九七四年一一月二二日の八鹿高校事件は、決して一高校の事件ではなかった。府中小学校の森垣修氏は、この時期、「人権と民主々義を守る但馬連絡会議」の代表幹事をつとめ、解放同盟の暴力的な介入との不眠不休のたたかいをすすめ、自宅を編集所にして、「但馬教育ニュース」を毎日発行していた。氏の手になる「日高町の教職員のみなさんに訴える」という文書（一九七四年八月二二日付）には、当時の様子が次のように告発されていた。／「現在日高町では八月二五日、東中学校における『日高町教育確認会』への出席について、町教育長より文書が出され、

表6　日高町立府中小学校児童が調べた「祖父の仕事、父母の仕事一家の歴史」

生徒	祖父の仕事	父の仕事	母のつとめ・内職
A	農業・牛	S42 田中ゴム	S41 かごあみ、S43 田中ゴム
B	農業	16才 太田木材、20才 新日本	S45 かばん
C	農業・柳ごうり	S36 かばんぬい、S42 足立かばん	S35 かばんぬい
D	農業・米屋	28才 新日本	19才 国府農協
E	農業	S32 28才 新日本	S30 かご、S36 かばんぬい
F	柳ごうり	S41 鉄工所	電電公社
G	農業・牛・柳ごうり	19才 工務店	かばんぬい
H	農業・牛・柳ごうり	23才 乳牛12頭	かごあみ、農業
I	農業・土方	S36 協和トラック、S41 山陰観光	S34 かばんぬい
J	農業・牛(冬 たわら・ふごあみ)	S40 ブロイラー（以前は土方）	S42 かばんぬい
K	農業	18才 役場	養蚕試験所
L	農業	教員	教員
M	農業	S29 日通	S41 ししゅう・洋裁
N	農業・牛	S36 日通	S43 ししゅう、S45 かばん
O	農業	S41 パン工場	S42 土方・農業
P	農業・牛	S36 田中ゴム	S40 かばん・農業
Q	農業・つとめ・地主	教員	S42 かばん・農業
R	銀行・全但バス	教員	
S	農業・教員・地主	地主・食糧事務所	S42 ししゅう・かばん
T	製菓・柳ごうり	18才 新日本	16才 福富印刷
U	農業・大工	教員	日本生命

出典：森垣修「農村破壊と教育実践」『歴史地理教育』226号、1974年7月。

各校長を通じて、全職員が参加する指導がなされています。／こうしたなかで町教委の要望に応じて、事前に解同支部を学校に招いて学習会を開く学校が出るなど、不安と動揺がひろがっています。［中略］／高等学校や中学校では解放研をつくり、この子どもたちが、教師の発言をメモして、差別をデッチ上げ、確認会を要求してきています。［中略］／自民党県政と県教委はこうした解同と一体となり、これを利用して、教師への攻撃を加え、ものの言えない職場をつくり、教師を分断し、組合の弱体化をねらってきています。［中略］納得のできない動きに対して教職員の良心にかけて断固たち上ろうではありませんか。」［中略］／府中小学校の学校づくりは、こうした但馬の教育情勢のなかで、子ども、教師、父母・住民にとっての「学校とは何か」を問いつめつつ、人間の尊厳と教育の自主性を守る民主主義を地域と学校に打ちたてる仕事でもあった。

一九七一年に府中小学校へ赴任した森垣は、子どもたちの耳掃除をした経験から、農村社会と父母の働き方に大きな変化が生じていることに気づく。全職員が児童の実態調査に取り組んだ。森垣自身の授業においては児童たちに父母の仕事と祖父の仕事の聴き取りを行わせ、地元地域の歴史的変化と未来を考えさせている（**表6**参照）。みごとな授業実践である。府中小学校教師集団は、一九七三年から祖父母・父母・住民を授業に巻き込む「祖父母の歴史に学ぶ会」を始めたが、そこへ襲いかかったのが解同問題であった。八鹿高校事件から二年後の一九七六年一一月、教師集団と育友会は共同して「子どもを育てる会」を立ち上げた（森垣修一九七九）。地域住民と教師集団が「たがいに励ましあう」基盤となるしくみが追求されることになる。

「村山志郎ほか一九八四」に従えば、「学校と父母・地域との間に教育価値の実現を目的とすることのような自由で民主主義的な関係が成立することこそ地域と学校が結びつき学校の再生が可能となる第一の前提」条件である。学校の再生だけではない。「民主主義の持つ本来の教育力」が地域にも少なからず備われば、地域の自治が人間の尊厳を守るものになりうるのであろう。

むすび

府中小学校の試みが全国的に注目されるのは事件後、一九七九年の教育科学研究会全国大会で実践報告がなされてからである。一九六〇年代にはその名を知られていた八鹿高校の集団主義的生活指導の実践に比べれば、それは若干遅いともいえる。だが、この府中小学校の試みを含め、事件前後の地域の動きを見回してみて、八鹿高校の教師集団と生徒集団が「孤高の存在」であったという事実はまったくない。本書で具体的にその航跡を辿ってきたように、彼らの営みは但馬の地域社会を出自とし、そこでのさまざまな人間関係の上に成り立ってきた。とはいえ、それは社会的には少数派の営みに違いなかった。

共産党は、反共と「部落解放を大義名分として大衆運動の形をもって」出現した暴力的な地域支配に、正面から対峙してきた政党だが、同党所属の豊岡市議・安治川敏明は、「但馬の運動の最大の弱点」について次のように述べたことがある（安治川敏明一九九〇）。

但馬地方の組織労働者は、旧総評系の但馬地労協約七千五百名と旧同盟系の但馬地区同盟約四千名に組織されています。解同との連帯を掲げ、「八鹿高校差別教育糾弾共闘会議」に参加したのは但馬地労協傘下の労組であり、その主力は自治労約三千七百名と兵教組約一千三百名です。但馬地方には独占資本の大企業がなく、一市一八町にくまなく組織をもっている自治労、兵教組、全逓などが大衆運動に参加することの意義はまことに大きなものがあります。但馬地区同盟は関電、大阪ガス、ゼンセン、ＪＲ総連など民間労組を傘下に収めており、解同との連帯を掲げませんでしたが、強烈な反共主義的な指導によって［中略］「八鹿以後」のたたかいに沈黙を通しました。［中略］八鹿高校事件の一連の公判闘争を現場で支えた兵高教組但馬支部や兵教組朝来支部（橋本哲朗・朝来町長の出身組合）［以外で、］［中略］「暴力を許さず人権と民主主義を守る但馬連絡会議」（但馬人権共闘）に参加した労組は［中略］国公労連、運輸一般等の支部分会ですが但馬の組織はあわせて一〇〇〇名内外の組合員です。もちろん、兵教組や自治労、国鉄などの職場にも「八鹿の真実を守る会」が組織されましたが［中略］但馬の民主勢力の組織の少なさは最大の弱点です。

右は組織労働者の状況を俯瞰したもので、保守的な地域組織や農協などの状況には話が及んでいない。また、特段の、いわゆる「部落産業」を持たない、小規模の未解放部落が多い但馬に、自立的な部落解放運動は従来育ってこなかったし、地域の主な住民運動（氷ノ山自然保護・生野イタイイタイ病＝公害反対・原発反対）も「兵高教組の組合員が運動の中心」を担っていた（『兵庫高教組新聞』一九七四年六月三日）ということであれば、他の過疎地・純農村地域と多少とも共通する社会運動の状況が但馬にはあったといえる。したがって、八鹿高校の教師集団と生徒集団は、「地域民主主義」の草の根が容易に広がりにくい土地に芽を吹き根を下ろそうとしてきた存在（地域力）だといえる。また、小さな府中小学校の教師集団は、小さいがゆえに大胆に学校を住民に開き、住民を学校の教育実践へと呼び込み、農業とともに古い生活スタイルと地域慣行を失いつつあった校区の住民と共同して八鹿高校事件以後の「学校の再生」に取り組んできたものといえる。

保守的な農村が広がる但馬において、学校の地域への影響力は大きい。繭《まゆ》供給地の期待を担う学校として出発したものが、戦後は長く南但馬の最高学府的な位置にありながら、また高度成長期には内に大きな格差とさまざまな葛藤を抱えるようになったにもかかわらず、地域の生徒たちが「自主的、自律的、集団づくりと、集団的規律」(八鹿高校『学校要覧』)を学ぶ学校となった八鹿高校は、その役割ゆえに行政・警察および解同の暴力と正面からたたかわなければならなかった。但馬で「民主主義の教育力」が地域に宿りうるとすれば、八鹿高校のような学校がその起点となることは半ば運命づけられたことであるようにみえる。

八鹿高校の教師集団・生徒集団の戦後史は、そういう観点から客観的に評価可能なものである。佐々木隆爾のいう「民主主義的地域力」には要求力・調査力・政策立案力・組織力や経験知・諸技能など、さまざまな側面とレベルがあろうが、それらが「地域民主主義」を実体化する力となりうる。

一九七四年の八鹿高校事件は、「民主主義の教育力」に鍛えられてきた若い生徒集団に、教師集団と地域住民を励まし彼ら大人が地域を牛耳っていた政治勢力に「声」をあげるための後ろ盾、力となる役割を与え、結果として地域民主主義のかつてない広がりを導くテコとなった。その生徒集団を事件直後から直接的に下支えしたのが生徒自治会執行部OB・OGを中心とする「OB会」であったことも特筆される。「OB会」こそが、傷ついた教師集団と現役生徒集団とを効果的につないだ。

事件が全国的な革新統一の政治運動(神戸市は一九七三年から革新自治体となり、一九七四年の兵庫県知事選挙でも再び革新共闘が実現した)や部落解放運動、市民運動に与えた影響は、別途広く検討されるべき課題だが、事件時の暴力支配に反対する人々のたたかいは、少なくとも「但馬地域の政治地図」に明らかな変化を生じさせた。それは、地域社会構造の変化と併せて「民主主義的地域力」が芽吹くための転回点をつくった。県教委の管理統制は事件後かたちを変えて一段と強化され、八鹿高校教師集団の教育実践とたたかいはきわめて厳しい環境のもとに置かれることになったが、他方「安治川敏明一九九〇」によれば、事件をへて「公正・民主の町政」をめざす会が南但各町や日高町・出石町にも生まれ選挙戦をたたかい、いくつかの民主町政を実現した。民主町政の実現と継続は、但馬の民主主義的地域力が役所＋民間の反共的保守主義をも乗り越えうる強さを持ったことを示す。事件対策弁護団に加わるため但馬へ移住した弁護士ら（前田貞夫・福井茂夫）は事務所を開き、これが但馬の社会運動をバックアップする新しいセンターとなった。また、共産党の市町会議員数は一五年で二・三倍になった。

ただ、事件前後の但馬「地域社会」の民主主義の態様（地域力の実態）をより子細に検討し整理するには、別稿を準備する必要がある。また、これは「理論的な認識」の問題でもあるが、八鹿高校の一九七〇年前後における同和教育実践では、「兵庫方式」で拍車のかかる学科間・学校間格差の問題を同和教育の重要テーマに位置づけたり、同和教育と民主教育（主権者教育）とを等値したりする傾向と、「過大な」実践方針とが結びついていた。この「過大な」方針は後に修正されていくわけだが、当時の地域（同和地区を含む）の「実態に関する認識」がどういう中身をもっていたのかという問題も併せて検証する必要がある。これらは今後の検討課題である。

なお、本書では材料不足で検討対象にできなかったが、佐々木隆爾が自民党の同和対策に関わるグループを分析した報告（佐々木隆爾一九八八）中の資料に、八鹿町出身の代議士・小島徹三（岸派→福田派に所属、前節の共産党資料「情報メモ」に登場）の名が出てくることを記しておきたい。小島は、「素心会」という自民党タカ派中のタカ派グループの名簿に、同会世話人・マスコミ対策委員会委員長、自民党治安対策特別委員会委員（一九五九年一月現在）として載っている。今後関連史料の発掘につとめ、政治的対抗次元の分析でも歩を進めることをめざしたい。

付記　本書執筆のための史料調査にあたり、兵庫高教組副委員長の中村邦男氏、同但馬支部の今井典夫氏、兵庫県立八鹿高校校長の山本宏治氏、児童文学者の尾崎順子氏、治安維持法犠牲者国家賠償要求同盟兵庫県本部の田中隆夫氏からは格別の御高配を賜ったことを特記し、謝意を表する。

註

はじめに

（１）臼井敏男は元朝日新聞論説委員で、引用文は当時の朝日新聞社の報道姿勢について語ったもの。

第一部

（２）本年一月、関西大学人権問題研究室委嘱研究員・住田一郎が、八鹿高校事件を振り返る長文の論考を公にした（住田一郎二〇二四）。これは歴史研究ではないが、解同組織・行政機関・報道機関等が沈黙を続けるなか、部落解放同盟所属の論者が事件を正面から取り上げた希有な論文である。住田は、「部落差別の解決をめざす部落・部落外双方による自由で開かれたコミュニケーションの一方の当事者として部落民は自らに向き合う必要がある。その出発点に八鹿高校事件がなぜ暴力の運動となってしまったのか、その総括が置かれなければならない」と主張しつつ、同特法施行期前半の「矢田教育差別事件」―「映画『橋のない川』上映阻止闘争」―「八鹿高校差別教育糾弾闘争」の三つを、朝田理論による糾弾闘争方式を解同に定着させた運動として位置づける。

運動が誤った暴力的糾弾にいきついた原因としては、①県・町以下の地域組織や労組・警察の、丸尾らの権力に対する「追従と協力」、②異質性を排除するタテ型社会の特性と被差別部落民の内面的弱さ、③糾弾対象を一方的に屈伏させることにつながる朝田理論、④マスコミの解同への拝跪《はいき》・忖度《そんたく》、⑤同和行政そのものがもつ隘路《あいろ》、の五つが指摘される。事実に基づく、こうした振り返りが解同組織内で行われることには重要な意味がある。ただし、「部落民と部落外」という二分法に基づく解放論や「部落史」的な枠組みへの固執には賛同できない。
（3）「平成の大合併」により、八鹿・養父・関宮・大屋各町は二〇〇四年から養父市、和田山・山東・朝来・生野各町は二〇〇五年から朝来市となった。北但でも城崎・竹野・日高・出石・但東各町が二〇〇五年、豊岡市と合併した。
（4）「八鹿の真実を守る会一九七八」によれば、「藤原等」教諭は裁判所の誤認で、「藤原利一」農業実習員が正しい。
（5）全日本同和会加盟の南但民主化促進連盟が、一九六一年に行政主導で改組され南但民主化協議会となった。朝来・養父両郡の全八町と美方郡二町の、各部落代表・各町厚生課長・各町教委関係者により構成された。会長には管内の町長から一名が選ばれ、書記長に山本佐造が就任した（南但民主化協議会一九六五）。「平成の大合併」を機に同協議会は「解消」。
（6）さしあたり、「大森実二〇二二」では、鈴木の「地域支配構造」論が長い射程をもって構想されており、鈴木は、その構造の「崩壊過程が高度成長期に始まる」という単純な見方をとっていない点について、特に読者の注意を喚起した。
（7）「並川實治一九九三」によれば、一九一一年生まれの並川は、戦前大阪で巡査を務め、戦後郷里に帰って竹田町―和田山町役場職員となった。町長職は五期二〇年（一九六四～八四年）務め、一九七五年に朝来郡町村会長、一九八〇年には兵庫県町村会長となる。
（8）「兵庫県町村議会議長会一九七四」によれば、岡村勝文は一九二三年生まれで、一九六七年に町長となり、南但民主化協議会会長のほか、養父郡町村会長・全国過疎連盟理事（県支部長）などを歴任した。また、全国鉱山所在市町村協議会副会長としての活動も行っていた（岡村勝文一九七三）。
（9）「丸尾良昭一九八八」によれば、八鹿高校事件被告団のなかで高校卒は一名のみ。丸尾を含め「あとは全部中卒」で「危険な仕事や不安定な仕事」に従事してきたという。

第二部

（10）「兵庫県警察史編さん委員会一九九九」の第四章第一節二の、「四十九年に発生したいわゆる八鹿高校事件では、近畿及び中部両管区から併せて約一〇〇〇人もの支援を受け」た、という記述が、唯一事件に触れたもの。

（11）本節は、特に「兵庫県立八鹿高等学校一九七七」、同一九九七、田路順子の神戸大学卒業論文に依拠した。二〇二三年五月一四日付の大森宛尾崎（旧姓田路）順子書簡によれば、田路論文は事件後、「ＯＢ会からの依頼」が一つのきっかけとなり成立。多数の教師・卒業生からの聴き取り調査をへて書かれ、「大阪ＯＢ会の方によって」一九七七年に出版された。

（12）「森垣修一九九六」に、「朝来・八鹿事件当時、植田さんは正真正銘の自民党員だった」と紹介される地域の有力者。

（13）「兵教組但馬支部教文委員会一九七七」（藤原等報告）によれば、任命制に変わった県教委の「学校管理規則」（一九五七年）により教頭は校長推薦制となるが、八鹿高校では教頭信任投票が行われた。一九六六年から教頭は組合加入禁止、一九七四年の学校教育法改正で法制化される。

（14）八鹿高校「カラス」の活動は、「高生研一九六七」のなかで、湊川高校部落研などの活動とともに全国に紹介された。

（15）神戸教育懇談会は、一九六二年度中の高生研（全国高等学校生活指導研究協議会）設立に合流した。当初「兵庫県の責任者」となったのは、八鹿高校時代の上田平雄である（上田平雄一九八五）。

（16）県教委職員らによる湊川高校育友会費の不正流用が発覚し、同校生徒集団は県教委と教師集団の責任を追及し自己批判を迫った。一九六九～七〇年、こうした教師弾劾の動きが他校へも広がるなか、県教委は「解放教育」を公認して、同和加配教員の配置をすすめる路線に転じた。これは解放教育支持派の組合員を抱える高教組が、一時的にせよ「解放教育推進」の方針を掲げる契機となった（兵高教組三〇年史編集委員会一九八二、兵庫県立湊川高校教師集団一九七二、兵庫県高等学校教職員組合解放教育専門委員会一九七〇など、参照）。

(17) 一九六九年、「一斉糾弾」最中の湊川高校へ教頭として赴任した上田は窮地に陥り、教育長白井康夫を頼った。白井からは「夢にも忘れることのできない大恩を受けた」。その後、但馬文教府長時代、北海道出張中の「昭和四十九年の九月に、突然、教育長から宿泊先へ電話があり」、但馬教育事務所長に就任するよう申し渡され、固辞したが許されなかった、と上田は回想している（上田平雄二〇〇一）。

(18) 戦前・戦中、貧しい母子家庭に育った梅谷が、中央気象台技官になる過程で体得したさまざまな生活技術・専門技能を野外授業に生かしている事実は、「梅谷博禎一九九二」に詳述される。

(19) 『学校要覧』各年度版によれば、地学必修は普通科のみ。職業科生は地学を受講できなかった。

(20) 東井義雄一九五七。日本の代表的教育者の一人＝東井に関しては教育学分野での研究が多数ある一方、「鶴見俊輔一九五九」や「原芳男・中内敏夫一九七八」といった転向研究、「櫻井重康二〇一七」などの地域史研究でもとり上げられている。ちなみに、生活綴方運動について、鶴見は「日本のプラグマティズム」として一貫して注視してきた（鶴見俊輔・久野収一九五六）。

(21) 『学校要覧』昭和四七年度版のカリキュラム表では確認できないが、同昭和四九年度版以降に掲載される新カリキュラムにおいて、職業科三年次の英語は四単位の選択科目になっている。

(22) 但馬高校全入対策協議会の統一要求は、①連携校方式を解消し居住地優先の小学区制を実現する、②全入を保障する公立全日制普通科の学級増を実現する、③普通教育も職業教育も自由にうけられる総合制高校を実現する、④公立同等の負担で就学できるような私学助成を実現する、の四点（兵高教組八鹿高校分会一九七五）。

（23）元鉱山労組委員長で関宮町議でもあった林田は、国会議員ともパイプを持ち、但馬の部落解放運動変革を企図して大阪の運動を取り入れたり、丸尾良昭や南但部落の青年を西宮行政闘争へ導いた人物。一九七六年没（田宮武一九八二）。丸尾は一九七二年以降、「関宮（町）の林田さん所へ三日に一回ぐらい」通ったという（田宮武一九八六a）。

（24）たとえば、事件当時二一歳であった解同青年行動隊員・渕本稔の聴取記録（田宮武一九八六b）をみると、「昔は差別がひどかった」、「隣り村に田植えに行った時なんか、必ず自分のところの茶碗を持って行かなあかんかった」などという祖父母の代の話に対して、今「青年をとりまいている差別の実態」として渕本が語っているのは、「まず、自分の部落に誇りを持ってないということ［中略］。それと、もっと若い年代では学校で差別は体験しなかったやろうけど、ぼくらの年代ではしょっちゅうありましたからね。なんか物が無くなったら、すぐ呼ばれてね、『おまえ、やったんとちゃうか』［中略］と必ずやられていました」といったような話である。そのうえで、糾弾闘争が「うっぷん晴らし」として青年たちから支持されたことが語られている。この話からも戦前・戦後・高度成長期と、部落問題と部落差別には大きな質的変化があったことは十分伝わる。また、八鹿高校事件民事訴訟の原告側「最終準備書面」（一九八九年九月）では、「被告ら［中略］が過去において何らかの差別を受けた体験がなかったとは言えないとしても、本件当時の被告らの職業、生活状況、社会的地位などをみると［中略］過疎農村の典型とされる当時の南但一体《帯》の生活、経済状況と比べて、特別低位にあったとは言い難い」との判断が開陳された。

（25）一九七五年度前期の生徒自治会委員長であった濱道生は、「特に執行部とかホームルーム運営委員の連中なんか、自分達は先生と対等の立場で学校づくりをやっている、という意識が非常に強くて、先生がどんなことを言おうが、自分達のことは自分達で決めるんだ、という伝統がありましたね。だから事件のときも、自分達の学校なのになんで外部が介入するんだ、という怒りがまずあった」と述べており、教師側の観念と若干のズレはあったと思われる（座談会一九九四年）。

(26) 前掲八鹿高校事件民事訴訟「最終準備書面」によれば、事件前日の丸尾は、校長らを通じて生徒自治会との話し合いに成功し（暴力を振るわない約束）、その夜に翌日の動員を手配した。「青年行動隊や一部精鋭の解同員を午前九時（始業時間頃）に、一般の解同員を午前一〇時に分け」、総員二〇〇〜三〇〇名を集める手配である。一方、丸尾らの要請を受けた校長は同夜、解放研生徒との話し合いを教師たちに命ずる職務命令を準備したという。

(27)「兵庫県立八鹿高等学校生徒自治会一九七四」と「手塚英孝一九九四」も参照。「手塚英孝一九九四」によれば、八木川原での教頭は「土下座」の姿勢で生徒集団にデモをやめるよう懇請した。

(28) 一一月二五日の衆院文教委と、同二八日の参院法務委を皮切りに、衆参両院で共産党議員が繰り返し事件を取り上げ政府（金脈問題により田中角栄首相は一一月二六日に退陣を表明、一二月九日に三木武夫内閣が成立）の責任を追及した。一二月一九日の村上弘衆院議員の予算委での質問の様子は、NHKのテレビ・ラジオで全国に実況中継され反響を呼んだ。同時期の兵庫県議会や市町議会でも共産党議員は事件を取り上げ、行政側の責任を追及している。

(29) 事件直後から共産党内で回覧された「情報メモ」（ブルーコピー）が、但馬高教組会館「八鹿資料室」に保管されている。これらは同党の宣伝活動や地域情勢の機微を伝える貴重な資料である。

(30) 梅谷薫は博貞の長男。在学時に生徒自治会委員長を経験、事件当時は浪人中。「梅谷博貞一九九二」に名前が見えるが、薫の高校時代の話は大森宛尾崎順子書簡（二〇二三年五月三一日）による。

(31) 農業科生であった南下は、在学中には、一九七〇年の普通科・農業科合同HRや職業科の英語授業復活を要求する署名運動に関わった（川崎学一九七五）。

（32）『桑の実』三号（一九七五年四月八日）の座談会記事では、「阪神のＯＢが初めて集まったのは、十一月二十八日」の真相報告会だった、とある。

（33）『八鹿暴力事件公判ニュース』（一九七八年一〇月一六日）によれば、一九七八年までに岡山・阪神播磨・中部・広島でもＯＢ会は生まれている。

（34）「兵庫県立八鹿高等学校生徒自治会一九七五」にその回答が掲載されたが、県教委と警察は無回答。ただし、一九七五年度就任の小笠原暁教育長は同年五月九日の八鹿高校訪問の際、教師側の質問には一定答えた。それは、①解同側の一方的暴力を認める、②八鹿高校の同和教育については情報をもっておらず評価は控えたい、③県教委の同和教育方針が運動寄りで、事件は「その延長上に起った」、④橘・片山両教諭の処分について「個人としては疑義をもっている」、などの内容（兵庫県高等学校教職員組合八鹿高校分会一九七六）。

（35）「座談会一九九四」参照。また、一九七四年の事件でハンストに参加した生徒二一名中（同和地区出身者は一二名）、三年生が二名、二年生が五名に対し、一年生は一四名。ほとんどが普通科の一年生であった（但馬高教組会館「八鹿資料室」所蔵弁護団作成資料）。一年生は中学校「解放研」の洗礼を受けた学年である。

（36）「太田垣哲郎一九七六」によれば、「爆竹がはぜり、校舎の一部が燃え、学校破壊は続いた。教職員の歓送迎会は生徒指導のための一泊研修会に切り換えられた」という。また、分会白書＝「兵庫県高等学校教職員組合八鹿高校分会一九七六ｂ」所載の教職員アンケートの分析では、「生徒の非行・退廃傾向」について、「判断には多分に主観が伴うと考えられるが、（ロ）かなりヒドイと判断した人が三分の二以上」、「指導に苦労したこと」では「喫煙30％、暴力17％、飲酒11％、家出10％」という数字があがるが、これは「全国的傾向と大体一致」する、と評価されている。

(37)「八鹿スタイル」の集団主義的生活指導をリードしてきた梅谷博貞は、一九六九年四月の異動で山崎高校千種分校（岡山県との県境近くにある山間僻地校）の分校長に就任した。事件当時は分校独立化業務に忙しく、かつ管理職であったため、母校の危機にも表立った行動はとれなかったが、息子の薫を介して八鹿の生徒集団・教師集団を支えようとしたと思われる。なお、医師となった薫には、『看護婦さん、詩を書き、曲を作り、歌いませんか』（勁草書房、一九九六年）という、うたごえ運動との関わりに触れた著書がある。

(38)藤井寛三は山東町の大地主、名望家の家系出身の政治家。東京帝大卒。戦後二八歳で梁瀬町長に当選し、一九五一年から県議。自民党県議団幹事長（一九六九年〜）、同政調会長（一九七三年〜）を歴任、小島徹三代議士（藤井の叔父にあたる）の後継者と目されていたが、一九七七年急死（藤井寛三先生の回顧録発起人会一九八〇）。

(39)「兵庫県立但馬文教府一九六四」では、高度成長期ただなかの一般部落＝区の状況を以下のように述べる。すなわち、「部落区域内に公営住宅等ができて、旧来の農家集団としての部落の慣行と、非農家集団としての新規居住者の関係に幾つかの問題」が生じている、「たとえば、区費の使途が、部落の営農条件としての水利、農林道の改修とか、或は神社の維持管理費等にも向けられる場合」において、また「部落の公共的作業への被役の義務、消防防災の義務、冠婚葬祭等に対するつきあい」に関しても、「感情のもつれ」が見られる、これは、「現在の農山漁村地帯の部落は、消費生活共同体としての機能しかもっていないのに、古い農林漁業を中心とする生産共同体としての慣行を強制しようとする意識の者と、都市的生活を経験し全く個人主義生活意識しか持っていない者（都市のいわゆる「町内」は消費生活共同体にもなっていない）との感情のもつれである」、「部落が消費生活共同体であるという意識」をもって、旧慣は改善されなければならない、と。

参考文献（本文中では、編著者名＋発行年で文献を表す）

1．朝来町教育委員会編『近代朝来町の歩み—朝来町史下巻—』朝来町、一九八一年
2．安治川敏明「八鹿以後の但馬を考える—新しい民主主義の三色旗＝勇気・公正・民主主義」『部落』五二三号、一九九〇年六月
3．安藤純子「農村部における外国人配偶者と地域社会—山形県戸沢村を事例として」東北大学『GEMC journal』二〇〇九年三月
4．出石町史編集委員会編『出石町史』第二巻、出石町、一九九一年
5．植亮介「八鹿の卒業生たち」『部落』三三七号、一九七五年五月
6．植亮介「氷雨の中で—八高生の二十日間」①～⑩『月刊部落問題』一〇号（一九七六年一〇月）～二四号（一九七八年一一月）
7．上田先生記念誌編集委員会編・発行『教師 上田平雄』一九八四年
8．上田平雄『上田平雄著作集⑤』但馬文化協会、一九八五年
9．上田平雄『随想集 山荘日記』但馬文化協会、二〇〇一年
10．臼井敏男「水平社宣言一〇〇年—被差別部落報道を考える」朝日新聞社『Journalism』三九〇号、二〇二二年一一月
11．梅谷博貞『百姓家になぜ嫁がこぬか』東洋経済新報社、一九五九年
12．梅谷博貞『星降る里に歌声ひびいて』スタジオ・ホシノ、一九九二年
13．太田垣哲郎「八鹿高校教育・あれから一年」『月刊部落問題』八号、一九七六年三月

14. 大森実「近現代『部落問題の歴史的研究』が射程に置くべきもの―鈴木良の研究と構えに学びつつ―」『部落問題研究』二四〇輯、二〇二二年三月
15. 岡村勝文「休閉鉱山所在市町村に『石炭並み』の措置を」『鉱山』二七三号、一九七三年一月
16. 岡村勝文「郡町村会七〇周年に寄せて」（養父郡町村会編・発行『養父郡のあゆみ・養父郡誌』）一九九六年
17. 岡山県民教「八鹿高校事件」現地調査団『「八鹿高校事件」現地調査報告書』岡山県民主教育協議会、一九七五年
18. 川崎学「ぼくは許せない―八鹿高校卒業生の手記」『同和教育運動』七号、一九七五年
19. 河浪繁「昭和49年11月22日を中心とした大屋高校の教師集団のとりくみ」兵庫県高等学校生活指導研究協議会『高校全入と生活指導』一六号、一九七五年
20. 城崎町史編纂委員会編『城崎町史』城崎町、一九八八年
21. 木村元『学校の戦後史』岩波新書、二〇一五年
22. 黒川みどり・藤野豊『近現代部落史―再編される差別の構造』有志舎、二〇〇九年
23. 黒川みどり『増補 近代部落史―明治から現代まで』平凡社、二〇二三年
24. 警察庁編『警察白書・昭和五〇年版』大蔵省印刷局、一九七五年八月
25. 高生研（全国高等学校生活指導研究協議会）編『生きがいを求めて―高校生の世界』三省堂、一九六七年
26. 小谷賢『日本インテリジェンス史―旧日本軍から公安、内調、NSCまで』中公新書、二〇二二年
27. 坂田治郎『但馬の「戦後五〇年」』神戸新聞総合出版センター、一九九六年
28. 櫻井重康「『村を育てる学力』にみる村の教師と『村づくり』―東井義雄の『村育て』の試み」（庄司俊作編著『戦後日本の開発と民主主義―地域にみる相剋』昭和堂）、二〇一七年

29．佐々木隆爾「現代国家支配と部落問題」『部落問題研究』九五輯、一九八八年九月
30．佐々木隆爾「戦後日本史の中の「新自由主義」時代」『歴史評論』七〇九号、二〇〇九年五月
31．佐々木隆爾「戦後世界史の展開と日本における民主主義の成長過程」（部落問題研究所編・発行『部落問題解決過程の研究①歴史篇』）二〇一〇年。
32．佐々淳行『菊の御紋章と火炎ビン—「ひめゆりの塔」と「伊勢神宮」が燃えた「昭和五〇年」』文藝春秋、二〇〇九年
33．座談会（四方恒男・平松美也子・山内康雄）「『八鹿・朝来暴力事件』の裁判で問われているもの」『部落』四三三号、一九八三年七月
34．座談会（吉開那津子・橘謙・三木裕和・濱道生・田村宏明）「八鹿高校事件から20年」『部落』五八四号、一九九四年一一月
35．山東町誌編集委員会編『山東町誌』下巻Ⅱ、山東町、一九九二年
36．杉尾敏明「同和教育室歴代主任の同和教育論」（同編『資料 八鹿高校の同和教育』神戸部落問題研究所、所収）一九七五年
37．杉之原寿一「兵庫県における戦後部落解放運動と兵庫県政」『季刊人権問題』三号・四号、二〇〇六年一月・四月。
38．鈴木良「戦後史のなかの部落問題」『部落問題研究』一八一輯、二〇〇七年六月
39．鈴木良「日本社会の変動と同和行政の動向—同和対策審議会から同和対策事業特別措置法へ—」（部落問題研究所編・発行『部落問題解決過程の研究①歴史篇』）二〇一〇年a
40．鈴木良「歴史のなかの部落問題とその解決過程」同前書、二〇一〇年b
41．住田一郎「八鹿高校事件五〇周年を迎えるにあたって—解放運動への問いと新たなる展望に向けて」

42．『関西大学人権問題研究室紀要』八七号、二〇二四年一月
43．高砂市史編さん専門委員会編『高砂市史』第三巻（通史編近現代）、二〇一四年
44．高浜介二「八鹿高校問題から何を教育課題として学ぶか」前掲『高校全入と生活指導』一六号、一九七五年
45．但馬教育を拓く研究会編『地域と教育 昭和四六年度』但馬文教府、一九七二年
46．橘謙「無限遠点」①～⑧『数学教室』二五二号（一九七四年四月）～二六一号（一九七五年一月）
47．田中直「私と八鹿高校事件」『人権と部落問題』九六一号、二〇二二年七月
48．田中暢「八鹿高校の教師であって、よかった！」（兵庫県高等学校教職員組合八鹿高校分会編『八鹿から全国へ全国から八鹿へ』汐文社）、一九七五年
49．田宮武『生きて闘って』兵庫部落解放研究所、一九八二年
50．田宮武編『被差別部落の生活と闘い』明石書店、一九八六年a
51．田宮武編「聞き書き―部落に生きる人たち⑫」書評編集委員会『書評』七九号、一九八六年一二月b
52．千葉純一郎「過疎地における同和教育の実践」『月刊社会教育』一六五号、一九七一年八月
53．鶴見俊輔・久野収『現代日本の思想―その五つの渦』岩波新書、一九五六年
54．鶴見俊輔「大衆の思想」（久野収・鶴見・藤田省三『戦後日本の思想』中央公論社）、一九五九年
55．手塚英孝「最初の決起（「八鹿高校事件取材ノート」から）」『民主文学』三四八号、一九九四年一一月
56．東井義雄『村を育てる学力』明治図書出版、一九五七年
57．東井義雄「再び『村を育てる学力』をめぐって―農業破壊の現実をみつめて」『現代教育科学』二一四号、一九七五年七月
58．田路順子『八鹿高校の生活指導』一九七七年（一九七五年度神戸大学教育学部卒業論文）

58．東上高志「地ぞこから　春が―八鹿高校の教育実践と高校生のたたかい」『部落』三二四号、一九七五年二月
59．戸塚廉「『生活学校』教育運動」（菅忠通・海老原治善編『日本教育運動史③戦時下の教育運動』三一書房）、一九六〇年
60．中内敏夫・竹内常一・藤岡貞彦・中野光『教育のあしおと』平凡社、一九七七年
61．並川實治『和田山雑記―住みよい町を目ざして』北星社、一九九三年
62．南但民主化協議会編・発行『南但のめざめ』一九六五年
63．西岡幸利『明日にあゆむ―人間の尊厳を求めて』兵庫部落問題研究所、一九八九年
64．西宮現代史編集委員会編『西宮現代史』第一巻Ⅱ、西宮市、二〇〇七年
65．西平正喜・竹内常一「高校教育と生活指導」（田代三良ほか編『講座　現代の高校教育④　生活指導』草土文化）、一九七八年
66．日本教職員組合編『日本の教育（教育研究全国集会報告）』第一一集、国土社、一九六二年
67．日本弁護士連合会『八鹿高校等事件調査報告書』一九八三年一月二二日
68．原芳男・中内敏夫「教育者の転向―東井義雄」（思想の科学研究会編『共同研究　転向（下・改訂増補版）』平凡社）、一九七八年
69．土方鉄「南但馬の部落」『部落解放』七一号、一九七五年六月
70．日高町人権教育研究協議会発行（設立二五周年記念誌編集委員会編）『町同教二五年の歩み』二〇〇〇年
71．兵庫県編・発行『但馬地域計画ガイドライン―新しいふるさとづくりのために』一九七九年
72．兵庫県高等学校教職員組合「第一〇四回兵高教組中央委員会議案書」一九七五年一月一八日（兵庫県高等学校教職員組合八鹿高校分会一九七六ａ、所収）

73. 兵庫県高等学校教職員組合解放教育専門委員会編著『問われているもの』兵庫県高等学校教職員組合、一九七〇年
74. 兵高教組三〇年史編集委員会編『兵高教組三〇年史』兵庫県高等学校教職員組合、一九八二年
75. 兵高教組但馬支部教文委員会編『第27次兵高教組但馬支部教育研究集会集録』一九七七年一〇月
76. 兵庫県高等学校教職員組合八鹿高校分会編『八鹿から全国へ全国から八鹿へ』汐文社、一九七五年
77. 兵庫県高等学校教職員組合八鹿高校分会編『資料　八鹿高校事件』一九七六年a
78. 兵庫県高等学校教職員組合八鹿高校分会編『昭和51年度　分会白書』一九七六年b
79. 兵庫県教育委員会事務局広報委員会編『兵庫県教育委員会四〇年のあゆみ』兵庫県教育委員会、一九八八年
80. 兵庫県教育史編集委員会編『兵庫県教育史　昭和27年～64年』兵庫県教育委員会、一九九九年
81. 兵庫県警察三〇周年記念誌編集委員会編『兵庫県警察三十年の歩み』兵庫県警察本部、一九八五年
82. 兵庫県警察史編さん委員会編『兵庫県警察史　昭和　続編』兵庫県警察本部、一九九九年
83. 兵庫県史編纂委員会編『兵庫県史：この五〇年の歩み』第一巻、兵庫県、二〇二三年
84. 兵庫県人権共闘（公正・民主的な同和行政と地方自治・教育・人権を守る兵庫県共闘会議）発行『八鹿・朝来暴力事件と裁判闘争　一九七四―一九九六』一九九六年
85. 兵庫県町村議会議長会編・発行『兵庫県自治名鑑』一九七四年
86. 兵庫県立但馬文教府編・発行『文教府資料（第一号）部落及び家族生活のあり方』一九六四年一〇月
87. 兵庫県立湊川高校教師集団『壁に挑む教師たち』三省堂、一九七二年
88. （兵庫県立）八鹿高校教職員一同「八鹿高校教職員の回答文」一九七四年一一月二〇日（兵庫県高等学校教職員組合八鹿高校分会一九七六a、所収）

89. 兵庫県立八鹿高等学校発行『同和教育研究紀要（抜粋）』一九七一年三月a（杉尾敏明一九七五、所収）
90. 兵庫県立八鹿高等学校発行『（卒業記念アルバム）S46・3 MEMORIES』一九七一年b
91. 兵庫県立八鹿高等学校発行『創立80周年記念誌』一九七七年
92. 兵庫県立八鹿高等学校発行『八鹿高等学校創立百周年記念誌』一九九七年
93. 兵庫県立八鹿高等学校大屋校発行『兵庫県立八鹿高等学校大屋校閉校記念誌』二〇一〇年
94. 兵庫県立八鹿高等学校生徒自治会『八高11・22その日（第1集）』一九七四年一二月二五日
95. 兵庫県立八鹿高等学校生徒自治会『八高11・22その日（第2集）』一九七五年一月二〇日
96. （兵庫県立）八鹿高等学校部落解放研究会「八鹿高校正常化闘争 要求項目」一九七四年一一月一八日
（兵庫県高等学校教職員組合八鹿高校分会一九七六a、所収）。
97. 広岡義之『臨床教育学への招待─実存的視点より』あいり出版、二〇二〇年
98. 広川禎秀「部落問題解決理論の史的考察─北原泰作を中心として─」（部落問題研究所編・発行『部落問題解決過程の研究①歴史篇』）二〇一〇年
99. 藤井寛三先生の回顧録発起人会発行『藤井寛三先生の回顧録』一九八〇年
100. 堀尾輝久『現代社会と教育』岩波新書、一九九七年
101. 前田晶子「教育が『地域に根ざす』とは？」『鹿児島大学教育学部教育実践研究紀要』二三巻、二〇一二年
102. 丸尾良昭「農山村部落における部落差別」（菅孝行編『現代日本の差別』明石書店）、一九八八年
103. 村山志郎・久冨善久・佐貫浩編著『学校の再生─兵庫県・府中小学校に学ぶ』労働旬報社、一九八四年
104. 森垣修『地域に根ざす学校づくり』国土社、一九七九年
105. 森垣修「八鹿裁判完全勝利・二一年の歳月」『部落』六〇五号、一九九六年九月

106・森垣修「学校・地域に民主主義を求めて」『季刊人間と教育』六二号、二〇〇九年六月
107・森田修一「金井元彦と坂井時忠―『横浜事件』との関わりを中心に」『歴史と神戸』二四一号、二〇〇三年一二月
108・矢川徳光『人格の発達と民主教育』青木書店、一九七六年
109・柳河瀬精『告発 戦後の特高官僚―反動潮流の源泉』日本機関紙出版センター、二〇〇五年
110・養父町史編集委員会編『養父町史』第二巻、養父町、一九九九年
111・山口廣司追悼遺稿集刊行会編・発行『山口廣司』一九七九年
112・山本正雄編『日本の工業地帯』岩波新書、一九五九年
113・八鹿町編・発行『八鹿町史』下巻、一九七七年
114・八鹿の真実を守る会編『八鹿高校事件の真実‥但馬からのレポート』部落問題研究所、一九七八年
115・横田三郎「拡さんを悼む」『解放教育』四二〇号、二〇〇二年一二月
116・若林正昭「八鹿高校の教師集団と教育実践」『同和教育運動』七号、一九七五年
117・和田山町史編纂委員員編『和田山町行政誌』和田山町、一九七三年

関連年表　（●印は但馬関係の記事）

年	月/日	出来事
1946	2/19	部落解放全国委員会、京都にて結成。
	10/−	部落解放全国委員会兵庫県連合会、神戸にて結成。
1947	7/10	兵庫県教職員組合、結成。
1949	4/1	●県立農蚕高校、男女共学・総合制（普通科・蚕業科・農業科・農村家庭科併置）の八鹿高校に改名・改組。普通科は小学区制。定時制も分校も設置。
1950	1/25	●部落解放全国委員会兵庫県連北但支部、結成。
1952	12/−	兵庫高教組、結成（兵教組から分離独立）。
1953	5/6	全国同和教育研究協議会（全同教）、大阪にて結成。（兵庫県も参加）
1955	8/27−28	部落解放委、10回大会にて部落解放同盟と改称。
1957	5/−	●綴り方教師・東井義雄、『村を育てる学力』を刊行。
	12/5	解同本部、2回大会にて「部落民にとって不利益な問題は一切差別である」との朝田理論を提案。
1958	10/23	兵庫県教委、教組との交渉を打ち切り、「勤務評定実施要綱」を発表。
	12/14	兵庫県同和対策協議会、発足。
		●この年、兵庫高教組八鹿高校分会・梅谷博貞、神戸教育懇談会に参加。
1959	1/1	住井すえ、『部落』誌上に「橋のない川」第1部の連載を開始。（～61年）
	2/28−3/1	兵庫高教組定期大会で、入試事務拒否闘争方針を決定（勤評闘争）。
	4/1	●県立八鹿高校の職業科は、畜産科・農業科・農業家庭科（63年度から生活科）に改編。
	7/7	県教委、兵庫高教組委員長以下6名を免職処分とし、以後、同教組との団交を拒否。
	9/−	●八鹿高校教員・梅谷博貞、『百姓家になぜ嫁がこぬか』を刊行。
1960	5/10	全日本同和会、東京にて結成。
	7/15	**同和対策審議会設置法、成立。（審議会発足は、61年11月）**
	7/19	池田勇人内閣、成立。
		●この年、兵庫高教組八鹿高校分会、分会内に同和教育委員会を設置。
		この年の兵庫県の高校進学率＝65.1%
1961	6/12	農業基本法、公布。
	11/13	低開発地域工業開発促進法、公布。
		●この年、全国教研集会での県立八鹿高校の実践報告は高校分散会で評価される。
1962	4/28	高校全入問題全国協議会（務台理作会長、羽仁説子事務局長）、東京で結成。 → この年、県総評・兵教組・兵庫高教組で「高校全入推進兵庫県協議会」を結成。
	5/10	新産業都市建設促進法、公布。
	10/5	池田勇人内閣、全国総合開発計画を閣議決定。

1963	1/27	全国教研集会の際、高校生活指導研究協議会(**高生研**)、発足。 → 集団主義的生活指導 (●兵庫高教組八鹿高校分会から梅谷博貞・上田平雄・片山正敏らが高生研に参加)
	7/9	埼玉県・狭山事件で、石川一雄が殺人犯として起訴される。(石川は控訴審から無罪を主張)
		●この年から、県立八鹿高校の普通科必修「地学」授業で野外観測・コーラス指導始まる。
1964	4/1	兵庫県教委、高校普通科の学区制を全県的に中学区に改編。 → 学校間格差拡大の方向
	8/21	兵庫県高等学校生活指導研究協議会(**兵庫高生研**)、神戸で結成。
	11/9	**佐藤栄作内閣、成立。**
1965	7/−	大学受験情報雑誌『蛍雪時代』(旺文社)8月号付録に、初めて「偏差値」が登場。
	8/11	**同和対策審議会答申、佐藤栄作首相に手交される。**
	10/5	解同20回大会、「朝田理論」を大会方針に採用。(翌年にかけ、反対派幹部を除名へ)
	12/10	解同、映画「橋のない川」第1部につき、住井すえ・今井正に抗議。
1966	1/20	解同朝田派幹部、京都の文化厚生会館を占拠。(部落問題研究所・全同教事務局等を排除)
	6/3−4	兵庫高教組定期大会で、本部・支部の同和教育対策部に関する報告。
		●この年、「但馬作文の会」を中心に但馬サークル協議会(森垣修事務局長)、結成。
1967	3/3−4	解同22回大会、委員長に朝田善之助を選出。
	5/27-29	部落解放研究第1回全国集会のなかで、「窓口一本化こそ運動の原則」とする発言。
	7/−	解放教育研究会、発足。(兵庫からは福地幸造らが参加)
	10/3	兵庫県教委、内申書を重視する「兵庫方式」の68年度高校入試要項を発表。
1968	1/−	東大医学部紛争。この年、東大・日大をはじめ全国116大学で学園紛争起きる。
	3/−	兵庫県同和対策基本要綱、兵庫県同和教育基本方針、各々策定される。
	8/−	湊川高校で育友会費の不正使用を糾弾する育友会闘争(一斉糾弾)始まる。
	11/5	今井正、映画「橋のない川」第2部について解同へ協力要請。
	12/−	神戸大学同和問題研究会、小川太郎教授を糾弾。
		●この年から、県立八鹿高校教員(片山正敏ら)が同和地区へ入るようになる。
1969	1/−	尼崎市立城内高校で育友会闘争(一斉糾弾)。
	2/1	映画「橋のない川」第1部、劇場公開。
	2/−	県立神戸商業高校で育友会闘争(一斉糾弾)。
	2/−	●県立八鹿高校、同和教育研究委員会を設置。
	3/18	解同大阪府連、大阪市教組役選挨拶状をめぐり、第1回確認会。(矢田事件)
	5/30	佐藤栄作内閣、新全国総合開発計画を閣議決定。
	6/3	都市再開発法、公布。
	6/4	解放委兵庫県連、解同へオブザーバー参加。
	6/5	解同、「狭山事件・石川一雄救援対策本部」を設置。

1969	6/6－7	兵庫高教組定期大会運動方針に、福地幸造らの「解放教育」論が盛り込まれる。
	6/－	県立尼崎工業高校で育友会闘争(一斉糾弾)。
	7/10	同和対策事業特別措置法・同施行令、公布。
	7/－	●県立八鹿高校での「橋のない川」上映は、地元下網場地区の反対で中止。
	9/－	県立兵庫高校で育友会闘争(一斉糾弾)。
	11/－	県立兵庫工業高校および県立御影工業高校で育友会闘争(一斉糾弾)。
	12/－	●関宮・向三宅地区での住民学習会(東上高志講師)に、県立八鹿高校教員も参加。
1970	1/－	県立姫路商業高校で育友会闘争(一斉糾弾)。
	3/－	姫路市立飾磨高校、定員外での部落出身生徒の入学を認める。
	3/2－3	解同25回大会、広島・山口両県連と大阪各支部の代表を排除。
	3/14	日本万国博覧会、大阪・千里丘陵で開幕。
	4/1	兵庫県教委、同和教育指導室を設置。
	4/1	●県立八鹿高校で、同和対策室(片山正敏室長)を設置。
	4/24	過疎地域対策緊急措置法、公布。
	4/25	映画「橋のない川」第2部、劇場公開。(5/23解同中執委、これを差別映画とする)
	5/23	●県立八鹿高校で、月1回の同和職員研修(東上高志講師)が始まる。
	5/28－29	兵庫高教組定期大会運動方針で、「解放教育」路線が展開される。
	6/6－7	部落解放同盟正常化全国連絡会議、岡山で結成。
	11/15	**兵庫県知事選挙で、坂井時忠候補(自民・民社推薦)が85万で当選。伊賀定盛候補(社会・共産推薦)も60万獲得し健闘。投票率47%。**
	11/30-12/2	●県立八鹿高校で、映画「橋のない川」第1部鑑賞会。
	12/1	●県立八鹿高校で、生徒自治会執行委員や新聞部員を中心に部落問題研究会が発足。
	12/－	●『八鹿高校新聞』107号、「農業科の実状」記事を掲載。普通科・職業科間の格差拡大および生徒集団内部での新たな取り組み、教師集団内部での議論と関連。
		この年の兵庫県の高校進学率＝87.3%
		●この年、兵教組但馬支部も加わった但馬高校全入対策協議会が発足。
1971	3/－	芦屋市立芦屋高校、部落出身不合格者の「優先入学」を認める。
	4/12	**東京都に続き、大阪府(黒田了一知事)も革新自治体となる。**
	6/28	兵庫高教組定期大会で、育友会闘争(一斉糾弾)が高く評価される。
1972	2/19－28	長野県軽井沢町・あさま山荘事件。
	3/29	兵庫県教委教育長ら、定員外入学を要求する解放県連芦屋支部・県立芦屋高校・芦屋市教委・芦屋市教組から逃げ、姿を隠す。
	3/－	姫路市教委、解放県連姫路市協の要求する市立3高校での「優先入学」を承認。

1972	6/11	自民党総裁選を前に、田中角栄の政策綱領**「日本列島改造論」**が発表される。
	6/26－27	解同大阪府連光明町支部、吹田二中の新規採用教員を監禁・糾弾。(吹田二中事件)
	6/29－30	兵庫高教組定期大会運動方針で、「解放教育推進」が明記される。
	7/7	**田中角栄内閣、成立。**
	7/10	李谷舜三県教委教育次長、解同の指導下に同和教育を行うべきことを示唆する文書「同和教育の実践に転機を求める」(『いのち』19号)を公表。
	12/10	**衆議院総選挙。自民271、社会118、共産39、公明29、民社19。 → 「保革伯仲」**
	12/27	兵庫県、「同和地区建設業者の指導育成について」を通達。
1973	1/－	解同大阪府連の上田卓三ら、社会党大阪府本部へ大量入党(第一次、70名)。
	2/－	●氷ノ山の自然を守る会、結成。
	4/22	大阪府羽曳野市長選挙で、公正・民主の同和行政を唱えた津田一朗(共産党)が当選。
	5/21	解放委兵庫県連15回大会で、解同への正式加入を決定(解同兵庫県連)。
	5/－	北原泰作『同和問題と解決の方策』で、**「国民的な同和融和」の方針**が提起される。
	6/17	**参議院大阪地方区補選で、沓脱タケ子候補(共産党)が自民・社会両党候補をおさえ当選。**
	7/15	●解同南但支部連絡協議会、結成(各支部は、このあと行政主導で組織されていく)。
	7～8	●日高町立府中小学校で「祖父母の歴史に学ぶ会」、教職員組合分会主催の「国府地区教育懇談会」が始まる。 → 1976年11月からの「子どもを育てる会」(年2回)へ発展
	9/10	解同兵庫県連、西宮市に窓口一本化を要求し市役所占拠(12月まで継続)。
	10/28	神戸市長選挙。現職宮崎辰雄が革新市長(共産党が推薦に加わる)として当選。
		●解同南但支連協青年部＝青年行動隊、発足。
	11/16	石油ショックにより、各地でトイレットペーパー・洗剤の購入騒動。
	11/6－12/25	●解同南但支連協、学校・行政(朝来中・和田山町・山東町・中川小)への確認・糾弾を開始。
1974	1/6	●県立八鹿高在校生と交際中の同卒業生の父親による部落差別文書発覚(確認・糾弾へ)。
	1/12－9/4	●解同南但支連協・同青年行動隊による学校・行政(下記)への確認会・糾弾会続く。 山口小・八鹿高校朝来分校・和田山商業高校・大屋町・生野町・和田山中・広谷中・養父町・関宮町・生野中・養父町各小中・朝来町・八鹿中・生野小・豊岡市・日高町各小中・生野高校・朝来中・日高町　**※学校関係は当初より教委が現場に圧力を加え、屈服をせまった。**
	1/16	兵庫高教組姫路商高分会の会議を、解同の指導をうけた同校部落研生徒が妨害(姫商問題)。 → 県教委は同分会ニュースを差別文書とし、分会員に研修を命令。
	2/10	●県立生野高校中退の部落出身女性が自殺。
	2/22	西宮市の学者・文化人、「差別をなくし民主主義を守る市民の会」を結成。
	2/25	阪本清一郎・北原泰作・木村京太郎ら、「部落解放運動の統一と刷新をはかる有志連合」を結成。
		●県立八鹿高校卒業式で、女子2名が解放研を要求(解同青年行動隊員2名が臨席)。

1974	4/7	京都府知事選挙で、現職蜷川虎三(社共推薦)が七選。(社会党京都府本部が分裂)
	5/−	●県立八鹿高校で解放研を要求する生徒と教師との「話し合い」が始まる。西村勝但馬教育事務所長の八鹿高校への干渉強まる。
	5/−	内閣調査室と連携する匿名学者集団「グループ1984年」、『文藝春秋』6月号に「日本共産党『民主連合政府綱領』批判」を発表。 → 以後、同誌に掲載される同グループ論文は計7本。
	6/22−23	●県立八鹿高校教頭(小田垣鎮)、職員会議決定に反し、但馬文教府での「部落解放に立ち上がる高校生の一泊研修会」に参加、解放研設置を約束(上田平雄文教府長が講演)。
	6/30	●県立八鹿高校校長(珍坂邦巌)、県教委の職務命令で一泊研修会の継続研修会に教頭とともに出席、解放研設置を約束。 → 7/30八鹿高校本館二階に解放研部室を開設。
	7/7	**参議院議員選挙。自民党の得票率が史上初めて四割を切る。 → 「保革伯仲」**
	7/15−16	ルール無視の乱入者のため流会となった兵庫高教組定期大会が延期のうえ開催される。運動方針から「解放教育推進」が消える。
	7/−	**●日高町で、「部落解放運動の統一と刷新をはかる日高町有志連合」を結成。 ※この時期、「人権と民主主義を守る但馬連絡会議」代表幹事森垣修(日高町立府中小)が、日刊で『但馬教育ニュース』を発行。**
	8/25	香川県知事選挙で、革新共闘(社共公民推薦)の前川忠夫候補が当選。
	8/26−30	解同東京都連、都庁民政局を占拠、生活応急資金支給の「窓口一本化」を認めさせる。
	8/30	東京都千代田区・三菱重工本社ビル爆破事件。(連続企業爆破事件①)
	9/2	●県立八鹿高校教師集団、職員会議名で保護者宛に「解放研問題」の経過報告文書を配付。
	9/7	●兵庫高教組但馬支部長に八鹿高校分会の片山正敏が当選。(支部長であった豊岡高校分会の教師が解同との対決を恐れ辞任したための補選)
	9/8	●但馬高校解放研連合、結成。(生野・和田山商・八鹿朝来分校・八鹿・日高・豊岡・豊岡実業・出石・近大附属豊岡女子の9校の解放研)
	9/8−9	●解同県連・同南但青年行動隊が、日高有志連のビラを配布する橋本哲朗兵教組朝来支部長ら12名を路上で包囲、20時間以上監禁。(元津事件＝第1次朝来事件)
	9/15	「部落解放運動の統一と刷新をはかる兵庫県有志連合」、結成。
	9/17	兵庫県議会で、共産党議員が但馬の各学校での暴力的確認・糾弾につき県当局を追及。
	9/17−18	●生野町内新聞販売店・八鹿町内印刷業者が集められ、日高有志連ビラの印刷・配布拒否を約束させられる。
	9/23−24	●上田稔朝来町議監禁糾弾事件。
	10/−	『文藝春秋』11月号に、立花隆「田中角栄研究−その金脈と人脈」が掲載される。
	10/5−11	●朝倉宣征養父町議(共産党)宅包囲事件。
	10/6	大阪府松原市長選挙で、公正・民主の革新市政を訴えた土橋忠昭(共産・公明推薦)が圧勝。

1974	10/9	兵庫県知事選挙告示。(11/3投票)
	10/14	東京都港区・三井物産本社ビル爆破事件。(連続企業爆破事件②)
	10/19	社会党大阪府本部、黒田了一知事に府政綱領を手交し、共産党との絶縁を迫る。
		●朝来町・石田地区糾弾会(**村ぐるみで糾弾を受ける**)。
		この前後、山東町・出石町・豊岡市北中・生野中・大屋町・大屋中への確認会・糾弾会。
	10/20−26	**●朝来町の橋本哲朗宅包囲監禁事件。**(第2次朝来事件)
		この間、橋本支援者への暴力事件(木下代議士監禁、由利若神社前、南真弓公民館、口田路橋、和田山・竹田・青倉・新井・生野各駅前、物部橋、生野町役場前、佐藤和田山町議宅)で多数の負傷者が出る。
	10/27	●大藪公会堂事件。吉井養父町議(共産党)らが襲撃される。
	10/28	●解同を批判する八鹿町職員・南下彰(八鹿高校OB)が解同・町職組組合員から糾弾される。
		→ 11/12南下、町幹部・町職組一体の糾弾を受け、入院。
	11/3	**兵庫県知事選挙で、現職坂井時忠が勝利。社共共闘機能せず、公明15万票。投票率48%。**
	11/12	●県立八鹿高校解放研、同校同和教育室に「話し合い」申し入れ。
		林百郎・三谷秀治両議員(共産党)、衆院地方行政委で第2次朝来事件につき、政府・警察の責任を追及。
	11/14	兵庫人権共闘＝公正・民主的な同和行政と地方自治・教育・人権を守る兵庫県共闘会議準備会、神戸で結成。
	11/16	●県立八鹿高校職員会議、解放研との「話し合い」については糾弾会となりうる状況下で行うべきでないことを確認。高本同和教育室長らと解放研生徒との「話し合い」、部外者の乱入で中止。
	11/17	●(日曜)八鹿高校教職員、神鍋山荘で意思統一。同校内では、丸尾らの糾弾会準備が完了。
		滋賀県知事選挙で、革新共闘(社共公民推薦)の武村正義候補が当選。
	11/18	●午前7時、県立八鹿高校解放研生徒、職員室前廊下で座り込み開始。午後、「八鹿高校教育正常化共闘会議」、発足し闘争宣言を発表。再選された坂井知事、八鹿高校応接室の共闘会議現地闘争本部を訪問し、丸尾らを激励。
		和田山・八鹿・養父・山東・日高の各町長、東京・建設省等へ陳情のため出張(〜11/20)。
	11/19	●県教委、参事・指導主事ら4名を八鹿高校に常駐させ、「指導」体制を強化。
	11/20	●共闘会議は、「八鹿高校差別教育糾弾闘争会議」と改称、部外者多数が校内・職員室・教室に入るようになる。兵庫高教組、八鹿高校支援対策本部を豊岡高校内に設置。
	11/21	●杢谷県教委教育次長、八鹿高校内で山本佐造解同南但支連協会長に会い、協力を確認。
	11/22	●県立八鹿高校教職員に対する集団リンチ事件。(**八鹿高校事件**)
	11/23	『神戸新聞』、「同和教育をめぐり解放研と教師対立/数人ケガ、授業できず/八鹿高」の見出しで事実から遠い事件報道。朝日・毎日・読売・サンケイ各紙は、同様記事を地域版にのみ掲載。
		●八鹿高校グラウンドでは、「八鹿高校差別教育糾弾闘争完全勝利集会」開催される。

1974	11/24	●この日から、八鹿高校の若いOB・OGが豊岡に入り始める。
		●吉富健二兵庫高教組委員長、釜谷吉四郎八鹿警察署長を職権濫用で神戸地検に告発。
	11/25	**●事件後最初の登校日、八鹿高校生徒自治会は同盟休校を実施、校長・県教委の責任を追及。**
		山原健二郎議員(共産党)、衆院文教委で八鹿高校事件につき、警察・文部省の責任を追及。
	11/26	**●兵庫高教組八鹿高校分会、「私たちは屈していません！」の声明を発表。**
		NHK、初めて八鹿高校事件に関する報道を行う。
		田中角栄首相、金脈問題で退陣表明。
	11/28	内藤功議員(共産党)、参院法務委で八鹿高校事件につき、警察の責任を追及。
	12/1	●八鹿町八木川河原で、「人権と教育・地方自治を守る兵庫県民大集会」を開催。(約17,500人)
	12/2	●兵庫県警、5,000人の警官隊を動員し、丸尾良昭ら4名を監禁・致傷罪等の疑いで逮捕。
		県立八鹿高校、授業を再開。　→ **朝来町役場等で「丸尾釈放」要求署名の取り組み開始。**
	12/8	『社会新報』、記事「八鹿高校(兵庫)差別教育問題の真相」を掲載。
	12/9	三木武夫内閣、成立。
	12/10	**●八鹿高校生徒自治会、生徒大会を開催。教職員の行動を支持し、校長・教頭の辞職を要求。**
	12/12	●兵庫県警、2,000人の警官隊を動員し、尾崎龍ら7名を監禁・致傷罪等の疑いで逮捕。
	12/17	金子満広議員(共産党)、衆院本会議で、八鹿高校事件につき、政府の責任を追及。
	12/18	『日教組教育新聞』、「八鹿高校問題についての見解」で、八鹿高校教職員を批判。
	12/19	村上弘議員(共産党)、衆院予算委で、八鹿高校事件につき、政府の責任を追及。(テレビ中継)
	12/24	●神戸地検、丸尾良昭らを起訴。(12/27丸尾、保釈)
1975	1/7	●養父町内3中学校の解放研、決起集会。丸尾ら逮捕・起訴に抗議。校長らがデモを引率。
	1/18	●全但馬中学校解放研決起集会。校長らが引率し八鹿町内をデモ。
	1/22	●兵庫県警、1,000人の警官隊を動員し、坂本修一ら7名(丸尾ら再逮捕3名含む)を逮捕。
	1/26	部落解放同盟正常化兵庫県連、神戸で結成。
		●兵庫高教組八鹿高校分会、岡山での全国教研集会「人権と民族」分科会で事件を報告。
		●「明るい八鹿町づくりの会」、町民ホールで発足集会。(約1,000人)
	1/31	不破哲三議員(共産党)、衆院予算委で八鹿高校事件につき、政府の責任を追及。
	2/―	榊利夫「同和問題の新展開と部落解放運動」(『前衛』2月号)で、**「国民融合」論**が提起される。
	2/15	●八鹿・養父両町長選挙で、公正・民主の同和行政を掲げた細川喜一郎・朝倉宣征両候補当選。
	2/16	美濃部東京都知事、同和問題をめぐる社共分裂を理由に、三選不出馬を表明。(3/10翻意)
	2/26	坂井時忠知事、県議会で解同連携の同和行政に関する反省を述べ、行政の主体性を強調。
	3/31	●兵庫県教委、八鹿高校事件に関わる「職務命令違反」で、片山正敏・橘謙両教諭を減給処分。
	4/13	東京都知事選挙で、美濃部候補(社共公推薦)が石原慎太郎候補をおさえ三選。
		大阪府知事選挙で、黒田候補(共推薦)が湯川宏(自民推薦)・竹内正己(社公民推薦)両候補をおさえ再選。

1975	4/16	●八鹿高校事件被害者61名、国家賠償請求訴訟を提訴。
	5/20	●出石町長選挙で、公正・民主的な同和行政を唱えた石田大策候補当選。
	5/30	●八鹿高校事件刑事裁判、公判始まる。
	6/3	矢田事件、大阪地裁判決。「糾弾は限度を超えないかぎり認められる」と、被告無罪の判決。
	6/12−13	兵庫高教組定期大会運動方針で、「一斉糾弾」・「教師=敵論」・「解放教育」・部落排外主義や県の教育行政・同和行政を厳しく批判。「解放教育」支持派は組合費納入拒否運動を展開。
	6/19	●兵庫県教委、八鹿高校事件で珍坂校長(諭旨退職)・小田垣教頭(減給)ら6名を「管理不行届き」として処分。
	6/−	●但馬部落問題活動者会議、開催。 → 6/23部落問題研究者全国集会(神戸)に200名を送る。
	7/21	●八鹿高校事件国家賠償請求訴訟、公判始まる。
		●神戸地検、八鹿高校事件につき、警察署長ら5名を不起訴、校長ら6名を起訴猶予処分とする。
	7/27	前年12月に締結された「共創協定」が公表される。(公表とともに死文化)
	9/5	●八鹿町住民訴訟、公判始まる。
	9/6	●八鹿高校生徒大会、生徒自治会執行部提案の方針、「解放研部室撤去」要求等を採択。
	9/8	解同兵庫県連、尼崎の育成調理師学校の県管理を主張し、県庁で座り込み始める(〜11/22)。
	9/10	兵庫県民生部、『県政資料』1号で、「糾弾等は民主主義のルールによって相互の人権を尊重して行われるべきである」との見解を表明。
	9/14	●出石町長選挙で、公正・民主的な同和行政を唱えた田路僊候補当選。
	9/21	**「国民融合をめざす部落問題全国会議」、大阪・吹田市で結成。**
	10/18	●八鹿高校生徒自治会後期役員選挙に、解放研生徒が多数立候補(落選)。
	10/25	●映画『八鹿高校事件』完成。
	12/−	『文藝春秋』1月号から立花隆「日本共産党の研究」の連載始まる。
1976	1/16	●八鹿高校片山・橘両教諭に対する処分取消し請求訴訟、公判始まる。
	1/20	●県立八鹿高校校長、「次年度より職業科独立」の県教委発表を説明する文書を、職業科生の保護者宛てに配付。
	2/4	米議会上院外交委多国籍企業小委員会の公聴会でロッキード社の贈賄問題が明らかとなる。
	2/6	●朝来町橋本哲朗宅包囲監禁事件の国家賠償請求訴訟、公判始まる。
	2/26	**坂井知事、県議会本会議で、同和行政について「窓口一本化を廃止する」と表明。**
	2/−	**反共・中道革新を掲げる社公民路線の主唱者＝江田三郎・矢野絢也・佐々木良作や松前重義らの文化人で「新しい日本を考える会」を旗揚げ。**
	4/1	●**県立八鹿高校の職業科を独立させた県立但馬農業高校を、トガ山に開校。**(八鹿高校職業科2・3年生は八鹿高校生として卒業することとなったため、1年生のみで開校)
	4/10	解同兵庫県連、臨時大会開催。小西・北川派と大西・丸尾派に分裂。

1976	5/6	●八鹿高校事件・朝来町橋本宅包囲監禁事件など6件の暴力事件、併合審理が始まる。
	7/27	東京地検、ロッキード社からの受託収賄等の疑いで田中前首相を逮捕。
	12/12	●兵庫県教委、八鹿高校事件被害者に公務災害を認定。
	12/24	福田赳夫内閣、成立。
1977	4/30	大阪市教委、矢田事件の8教諭に5/1からの現場復帰辞令を交付。
	10/4	小笠原暁兵庫県教育長、県議会で、「1972～74年に県教委の行政の主体性の喪失によって教育に混迷を来した」旨表明し、同和教育の是正を約束。
	11/21	●神戸地検、検察審査会の不起訴不当判断に反し、八鹿警察署長を再び不起訴処分とする。
1978	3/－	●兵庫県教委、新基準による強制異動方針を発表。県立八鹿高校では橘謙・稲津健輔両教諭に異動内示。 → 以後、毎年度末、八鹿高校事件被害教員が異動内示を受ける。
	4/1	●県立八鹿高校、普通科単独校となる。
	4/15	●朝来町長選挙で、公正・民主的な同和行政を唱えた橋本哲朗候補当選。
	6/6	奈良県・平群中学校の教育内容に解同奈良県連が介入。(平群中事件)
	12/7	大平正芳内閣、成立。

大森　実（おおもり　みのる）

略歴

1955年　岡山県倉敷市生まれ

1977年　大阪市立大学文学部（史学・地理学科）卒業

1983年　大阪市立大学大学院文学研究科後期博士課程単位取得退学

1983年～2020年　大阪府立高等学校教諭

現在　大阪府立高等学校非常勤講師、大阪歴史科学協議会会員

主な共著書

広川禎秀・山田敬男編『戦後社会運動史論―1950年代を中心に』大月書店、2006年

同上編『戦後社会運動史論②―高度成長期を中心に』大月書店、2012年

同上編『戦後社会運動史論③―軍事大国と新自由主義の時代の社会運動』大月書店、2018年

新修大阪市史編纂委員会編『新修大阪市史』第８巻、大阪市、1992年

豊中市史編さん委員会編『新修豊中市史』第２巻（通史２）、豊中市、2010年

高砂市史編さん専門委員会編『高砂市史』第３巻(通史編 近現代)、高砂市、2014年

八鹿高校事件の全体像に迫る

2024年11月15日　初版印刷発行

著　者　大森　実

発行者　梅田　修

発行所　公益社団法人部落問題研究所

〒606-8691　京都市左京区高野西開町34-11

TEL 075(721)6108　　FAX 075(701)2723

ISBN978-4-8298-1093-4